SOWELL
DALRYMPLE
KIRK
STRAUSS
NABUCO

Social

HIMMELFARB
SOWELL
DALRYMPLE
KIRK

A pesquisa para o presente trabalho foi realizada com o apoio da Coordenação de Aperfeiçoamento de Pessoal de Nível Superior - Brasil (CAPES)

Copyright © 2023 Leandro Bachega
Copyright da edição brasileira © 2023 É Realizações

Editor
Edson Manoel de Oliveira Filho

Curador
Jorge Feffer

Coordenador da Biblioteca Crítica Social
Luiz Felipe Pondé

Produção editorial
É Realizações Editora

Capa e diagramação
Mauricio Nisi Gonçalves | Nine Design

Ilustração de capa
André C. Gimenez

Projeto gráfico
Douglas Watanabe

Preparação de texto
Diogo Chiuso

Revisão
Marta Almeida de Sá

Reservados todos os direitos desta obra. Proibida toda e qualquer reprodução desta edição por qualquer meio ou forma, seja ela eletrônica ou mecânica, fotocópia, gravação ou qualquer outro meio de reprodução, sem permissão expressa do editor.

DADOS INTERNACIONAIS DE CATALOGAÇÃO NA PUBLICAÇÃO (CIP) DE ACORDO COM ISBD

B119i   Bachega, Leandro

       Isaiah Berlin: pluralismo e dois conceitos de liberdade / Leandro Bachega. - São Paulo : É Realizações, 2023.
       168 p. ; 14cm x 21cm. – (Biblioteca Crítica Social)

       Inclui bibliografia.
       ISBN: 978-85-8033-416-6

       1. Ciências Políticas. 2. Liberalismo. 3. Pluralismo. 4. Filosofia. I. Título. II. Série.

2023-224   CDD 320
                                                                           CDU 32

Elaborado por Vagner Rodolfo da Silva - CRB-8/9410
Índice para catálogo sistemático:
1. Ciências Políticas 320
2. Ciências Políticas 32

É Realizações Editora, Livraria e Distribuidora Ltda.
Rua França Pinto, 498 · São Paulo SP · 04016-002
Telefone: (5511) 5572 5363
atendimento@erealizacoes.com.br · www.erealizacoes.com.br

Este livro foi impresso pela Gráfica Mundial em outubro de 2023. Os tipos são da família Adobe Garamond e Avenir LT Std. O papel do miolo é o LuxCream LD 70g, e o da capa, cartão Ningbo C1 250 g.

Leandro Bachega

ISAIAH BERLIN

Pluralismo e dois conceitos de liberdade

prefácio de Luiz Felipe Pondé

É Realizações
Editora

BIBLIOTECA CRÍTICA SOCIAL

Coordenador: Luiz Felipe Pondé

A ***Biblioteca Crítica Social*** lançada pela É Realizações é um marco para a construção de um pensamento livre de amarras ideológicas no Brasil. Abrindo este repertório, seis autores essenciais, apresentados por especialistas, por meio de livros objetivos e eruditos. O psiquiatra Theodore Dalrymple, e sua fina crítica à destruição do caráter no mundo contemporâneo. Thomas Sowell, homem de letras, duro crítico da irrelevância e arrogância dos intelectuais. A historiadora da moral e da política Gertrude Himmelfarb, uma sofisticada analista das diferentes formas de iluminismo, algumas delas pouco conhecidas no Brasil. O filósofo da política Leo Strauss, pensador conservador e fundador de uma tradição que se opõe a autores mais conhecidos, como Rousseau e Marx. O essencial filósofo e historiador do pensamento conservador Russel Kirk, autor de uma delicada teia de reflexão que reúne política, crítica literária, moral e espiritualidade. Joaquim Nabuco, pernambucano, liberal oitocentista, corajoso e inteligente combatente da infame instituição escravocrata brasileira. E, por fim, a coleção recebe um novo volume, homenageando Isaiah Berlin, o pensador-chave do liberalismo contemporâneo.

Para Amanda

Esta pode parecer uma resposta por demais insípida, não correspondente ao tipo de coisa pelo qual um jovem idealista desejaria, se necessário, lutar e sofrer, em nome da causa de uma sociedade nova e mais nobre.

– Isaiah Berlin, *Os limites da utopia*

De minha parte, detesto os sistemas absolutos, que tornam todos os acontecimentos da história dependentes de grandes causas primeiras, ligadas entre si por um encadeamento fatal, e que eliminam, por assim dizer, os homens da história do gênero humano.

– Alexis de Tocqueville, *Lembranças de 1848*

SUMÁRIO

Prefácio: O credo breve de Berlin 13
Introdução 17

1. Razão, utopia e liberdade 31
   1. Nascimento da Idade Moderna e o surgimento do Iluminismo 31
   2. Philosophes des Lumières 35
      2.1. Rousseau 43
   3. Utopia 49
      3.1. Inevitabilidade histórica 58
      3.2. Determinismo 64
      3.3. Liberdade positiva 68
   4. Monismo 74

2. Pluralismo de valores 77
   1. Natureza humana 77
   2. Liberdade negativa 82
   3. Pluralismo de valores 88
      3.1. Maquiavel 93
      3.2. Vico 96
      3.3. Romantismo 101
      3.4. Alexander Herzen 105
   4. Nacionalismo 108
      4.1. O Estado de Israel 112
   5. Iluminismo e contrailuminismo 114

3. Isaiah Berlin e seus críticos 121
   1. Pluralismo e relativismo 121
      1.1. Pluralismo e liberalismo 128
      1.2. Liberdade para porcos-espinhos e raposas 137
   2. Nacionalismo e cosmopolitismo 141
   3. *The crooked timber of Berlin* 146
   4. Em defesa própria 152

Considerações finais 159
Bibliografia..163

PREFÁCIO: O CREDO BREVE DE BERLIN

Luiz Felipe Pondé

No texto que Berlin mandou para a Universidade de Toronto a fim de ser lido como agradecimento pelo grau honorário de doutor em leis daquela universidade, no dia 25 de novembro de 1994, ele fala do seu "credo breve" com relação ao século XXI. Esse credo se revelou um erro de avaliação do século que então se avizinhava.

Vejamos qual foi esse seu erro e a razão de ele ser tão importante no que se refere à questão que o autor desta obra que você tem em mãos, Leandro Bachega, coloca nas suas considerações finais. Bachega questiona se o pensamento de Berlin, desenvolvido e vivido ao longo do século XX, seria datado para nós que vivemos adentro do século XXI. O erro de avaliação de como deveria ser o século XXI que Berlin apresenta ao final do seu "Credo Breve" é uma prova de que Bachega acerta ao negar que Berlin seja datado. Berlin acerta por linhas tortas, à semelhança de um *crooked timber*.

Seu breve credo se trata de uma "Mensagem para o Século XXI", escrita para o evento descrito acima e publicada no Brasil pela editora Âyiné, em segunda edição, em 2020, num volume que carrega o mesmo título do texto, "Uma Mensagem para o Século XXI".

Neste texto, Berlin apresenta sua famosa teoria da incomensurabilidade dos valores, aliás, um dos eixos da obra de Bachega. Segundo essa teoria, um bem pode entrar em conflito com outro bem. Assim sendo, não haveria jamais uma resposta única, e benigna, para qualquer drama moral ou político. O conflito está sempre no horizonte ontológico da filosofia moral e política de Berlin, por isso não há determinismo histórico, porque não há solução histórica para esses conflitos humanos. Ninguém "entendeu", nem "entenderá", como "funciona" a história. A história não "funciona". Toda filosofia idealista erra porque sonha com um sentido da realidade que não existe.

Este traço do pensamento de Berlin é o que levou John Gray, filósofo britânico em atividade no século XXI, a dizer que Berlin teria descoberto a escolha radical, que vai além da escolha racional utilitarista. A conhecida teoria utilitarista da escolha racional afirma que fazemos escolhas sempre otimizando resultados benignos e minimizando resultados malignos. Entretanto, para Berlin, segundo Gray, o problema grave é a escolha radical: devemos eliminar bens em favor de outros bens. E isso nunca é fácil de fazer, nunca há um final feliz de fato. Nunca se concorda universalmente acerca dos bens.

Ao final do breve credo, Berlin afirma que enquanto ele teria sido pessimista ao longo da sua vida, naquele momento, já próximo ao final dela, e ao final do século XX, ele poderia arriscar um certo otimismo com relação ao século XXI. E qual seria esse otimismo? Seria a ideia de que mesmo a China, como ele cita, acabaria por perceber que a democracia liberal seria o melhor dos sistemas por acomodar com mais eficácia, de forma racional e tolerante, a incomensurabilidade dos valores e o caráter não determinista da história. Dito de outra forma, a democracia liberal e a defesa de suas instituições acolheriam de forma mais bem-sucedida os conflitos inexoráveis da condição humana moral e política, característicos do imperativo da escolha radical citada acima.

Nós, que adentramos a terceira década do século XXI, sabemos que Berlin, pelo menos até agora, errou em seu otimismo. Mas, com seu erro, ele provou a importância da sua teoria da incomensurabilidade e da sua crítica ao determinismo histórico, para além do que ele mesmo, como pessoa, poderia desejar.

A democracia liberal pode, sim, ser vista, até aqui, como um sistema que melhor acomoda o conflito radical da condição humana. Não duvido. Mas quem disse que isso determina qualquer acomodação histórica? A democracia liberal pode ruir por conta de outros valores que outros povos ou nações ou contextos ou "grupos identitários" ou indivíduos ou outras empresas tomem como mais significativos. Quem vive na terceira década do século XXI poderá assistir à derrocada da democracia liberal conhecida e defendida por Berlin, devido a demandas e pressões que podem vir do mercado, do marketing, das redes sociais, das políticas identitárias, dos Estados Unidos polarizados e esquizofrênicos, de futuras pandemias desgovernadas e empoderadas pelos debates liberais idiotas acerca da liberdade negativa aplicada de modo provinciano, da desigualdade social crescente, dos russos e seu voluntarismo espiritual, dos chineses e seu modelo de riqueza e segurança sem democracia liberal, da América Latina à esquerda, dos iliberais, do desejo schopenhaueriano que nos habita, enfim, a história não parou na queda do Muro de Berlim. Ela não acabou. Suas contradições permanecem em formas que ninguém pode prever. A incomensurabilidade dos valores pressupõe que ninguém concorda com nenhuma métrica universal do bem. A negação do determinismo histórico pressupõe que não há lugar para nenhum sentido *a priori* da realidade.

Lembrando que Berlin se dedicou ao "mundo livre" na luta contra a União Soviética durante a guerra fria, e que combateu filosoficamente ideias "mágicas" (como diria Karl Popper) e deterministas como as de Hegel, Marx ou Lenin, podemos entender que ao final do século XX, período em que cresceu o número de regimes nominalmente democráticos no mundo, ele olhasse para o século XXI com um certo otimismo. Mas, se errou em seu otimismo, permanece consistente em sua filosofia. A crítica de Berlin a qualquer forma de pensamento idealista permanece de pé, mesmo contra o ideal que ele nutria pela democracia liberal histórica e efêmera que conhecemos.

E a obra de Bachega é uma bela introdução à filosofia crítica de Berlin. Boa leitura!

INTRODUÇÃO

I

Este livro tem por objetivo fazer uma apresentação do pensamento de Isaiah Berlin, filósofo letão do século XX, que, por meio de seu trabalho sobre a história das ideias, procurou compreender as origens ideológicas das principais vertentes totalitárias de seu tempo, marcado por movimentos, revoluções e guerras de extremo ineditismo na história humana. Minha intenção é acompanhar o pensamento de Isaiah Berlin, procurando identificar em seu itinerário uma crítica, na história das ideias, a um excessivo otimismo, principalmente no período do Iluminismo, com as descobertas científicas, os projetos ideológicos e com o progresso humano em geral. Em seguida, farei uma avaliação de sua filosofia do pluralismo de valores – como foi construída, suas influências e seu impacto –, concluindo com uma exposição dos argumentos dos principais críticos de Berlin, que o consideravam relativista quanto à importância dos valores, além de apontar sua defesa a essas alegações.

Isaiah Berlin nasceu em Riga, que, no ano de 1909, pertencia ao Império Russo. Era filho de Mendel Berlin e Mussa Marie Volschonok: ele, um judeu russo, adotado pelo tio-avô Isaiah "Schaie" Berlin, um rico comerciante de madeira, casado com Chayetta Schneerson (descendente direta do rabino Schneur Zalman Schneerson, fundador da seita judaica hassídica conhecida como Lubavitch); ela, uma sionista convicta, de personalidade forte e de amor e expectativas dirigidos ao filho único, cujo nome homenageava o avô. A Riga de Berlin era plena de uma diversidade cultural que reunia, além de russos, letões, bem como alemães e judeus, da comunidade à qual Berlin e seus familiares pertenciam. Berlin dizia não acreditar em Deus, mas foi um fiel observador dos costumes da religião judaica, e considerava-se uma mistura de três culturas: a russa, a inglesa e a judaica, cada uma despontando de um modo diferente em sua personalidade.

Depois de uma série de incertezas e medos entre a guerra e a revolução, em meio às mudanças de Riga para Andreapol e Petrogrado, Mendel decidiu levar a família para a Inglaterra. Da infância na Rússia, Isaiah Berlin manteve por toda a vida o amor pela música e pela literatura e uma suspeita a todo tipo de política idealista: guardou na memória a imagem de um policial fiel ao czar sendo arrastado por apoiadores bolcheviques, o que também lhe gerou uma repugnância em relação à violência física. Já em Londres, em pouco tempo, o menino judeu que falava russo conquistaria a simpatia dos colegas ingleses com sua incorrigível verborragia e seu magnético carisma. Adaptou-se rapidamente, também, ao estilo de vida inglês, ao modo de ser dos britânicos:

> Durante toda a vida, ele atribuiu à condição de inglês quase todo o conteúdo da proposição de seu liberalismo: "Esse respeito decente pelos outros e a tolerância com a dissidência são melhores que o orgulho e o sentido de missão nacional; essa liberdade pode ser incompatível com demasiada eficiência, e melhor que ela; esse pluralismo e essa desarrumação são, para os que valorizam a liberdade, melhores que a rigorosa imposição de sistemas que tudo abrangem, por mais racionais e desinteressados que sejam, melhores que o governo de maiorias contra o qual não há apelo".

Tudo isso era "profunda e unicamente inglês".[1]

Em Oxford, foi aprovado pelo *Corpus Christi College*. Com ele havia outros alunos brilhantes, como os poetas Bernard Spencer

---

[1] Michael Ignatieff, *Isaiah Berlin: Uma vida*. Rio de Janeiro, Record, 2000, p. 47-48.

e Stephen Spender. Sobre seu modo de pensar a filosofia por meio da história, foi influenciado por R.G. Collingwood, embora o *Corpus* não contasse com professores de filosofia política. Berlin, por ter apresentado um desempenho prodigioso nos exames, foi convidado, ao final do curso, para ser professor de filosofia no *New College*, em 1932. No mesmo ano, no entanto, realizou provas para admissão no *All Souls*, um paraíso acadêmico que selecionava entre os professores da Inglaterra as melhores mentes, que seriam dedicadas à pesquisa e ao ensino: apesar de um teste oral aparentemente decepcionante, dias depois Berlin soube ter sido admitido: "De repente, num único mergulho, aos vinte e três anos, Berlin fora fisgado da obscuridade do magistério e escolhido para o que era então o mais seleto clube da vida inglesa, uma universidade onde membros do Gabinete, editores do *Times* e os principais intelectuais se misturavam em pé de igualdade".[2] Berlin gostava da companhia de pessoas conhecidas, desfrutava os jantares e, durante a vida, teve encontros com gente como Gertrude Stein, C. S. Lewis, Virginia Woolf, Winston Churchill e Margaret Thatcher, Chaim Weizmann e David Ben Gurion, John e Jacqueline Kennedy, entre outros. Gostava ainda da vida dentro da *All Souls*: graças ao seu carisma, seu aposento tornou-se um ponto de encontro onde, ao redor de si, orbitavam professores e alunos em busca de livros, discos, uma boa conversa ou uma fofoca a respeito de alguém conhecido. Logo, Berlin ganhou a fama de mexeriqueiro, e não raro se via em situações constrangedoras por causa do mau hábito.

Mais por influência dos colegas (principalmente A.J. Ayer) do que por interesse próprio, Berlin havia se aproximado do pensamento do Círculo de Viena. Contudo, seu interesse se concentrava na historicidade do pensamento humano. No ano seguinte, o diretor de Oxford pediu a Berlin que escrevesse um volume sobre a vida e a obra de Karl Marx. Berlin não nutria simpatias pelo regime soviético; discordava de muitos de seus colegas em Oxford, que viam na União Soviética uma

---

[2] Ibidem, p. 68.

alternativa à decadência ocidental. Mesmo assim, aceitou o desafio e dedicou cinco longos anos à pesquisa da obra de Marx, trabalho esse que seria decisivo para sua formação como historiador das ideias: "Fontes russas, sobretudo Plekhanov, sobre os precursores de Marx, levaram-no aos pensadores do Iluminismo: e de lá aos socialistas do século XIX. A leitura que fez entre 1933 e 1938 forneceu a Isaiah o capital do qual ia depender pelo resto da vida".[3] Foi também durante a escrita de seu primeiro livro, publicado em 1939, que Berlin reforçou sua descrença em uma verdade política final, e a partir dela que criticou qualquer proposta de inevitabilidade histórica, ou um rumo progressista que a história necessariamente devesse seguir.

Seu "sentido de realidade" viria não da rotina acadêmica de Oxford, mas de seu trabalho em Nova York e Washington durante a Segunda Guerra Mundial. Como correspondente do *Foreign Office*, deveria influenciar a opinião pública, tentando convencer os americanos a entrar no conflito. Nessa condição, entrou em contato com rabinos, juízes, políticos, sindicalistas e jornalistas, aprendendo que a política era feita de acordos, interesses, contatos, e não de verdades finais que devessem ser descobertas e aplicadas. Chegou mesmo a receber elogios do primeiro-ministro Churchill quanto à qualidade dos relatórios enviados a Londres.

Também nos Estados Unidos, esteve em meio aos interesses do diplomático Chaim Weizmann, e do homem de ação David Ben Gurion, enquanto representava a contragosto os interesses britânicos no estrangeiro (à época, a Inglaterra administrava a Palestina e tentava equilibrar os interesses dos palestinos árabes e dos judeus sionistas da Europa e dos Estados Unidos). Após a guerra, os britânicos impediram que mais judeus refugiados da Europa entrassem na Palestina, e a diplomacia de Weizmann perdeu força aos olhos dos judeus. Quando os britânicos deixaram a Palestina, "até mesmo Weizmann via que (...)

[3] Ibidem, p. 78.

o destino de Israel dependia da força de suas armas";[4] Berlin, por sua vez, criticou a Inglaterra pela cumplicidade no ataque que se seguiu das nações árabes contra Israel. Para ele, a condição judaica exigira o retorno do povo para a Palestina, pois os judeus sempre correriam risco em território estrangeiro: seus avós haviam sido mortos pelos nazistas em Riga, e ele mesmo sabia da força do antissemitismo. "Nós éramos judeus... Não éramos russos. Não éramos letões. Éramos outra coisa. Precisávamos de um lar. Não adiantava viver em perpétuo *qui vive*."[5] Berlin, no entanto, vivia a ironia de ser um sionista que não queria viver em Israel. Weizmann e Ben Gurion fizeram diversos convites para que ele fosse morar no Estado judeu, ofereceram-lhe cargos importantes, mas nada disso demoveu Berlin de viver na Inglaterra como um intelectual de Oxford.

Quando a guerra terminou, ele aceitou prontamente um convite para ir à União Soviética, como primeiro-secretário da embaixada britânica, para avaliar o andamento das relações entre os países vencedores da guerra e a política externa russa. Naquele país – a despeito dos agentes que o seguiam –, pôde encontrar intelectuais russos que ele considerava representantes da intelectualidade e da cultura que lhe formara, e que lhe traziam lembranças da Rússia pré-revolucionária da sua infância. Em Leningrado (a Petrogrado onde viveu seus primeiros anos), teve diversos encontros com o cineasta Sergei Eisenstein, com o escritor Boris Pasternak (de quem receberia trechos de *Doutor Jivago* para ser publicado no Ocidente, livre da censura soviética) e com a poetisa Anna Akhmátova. No dia em que se conheceram, conversaram das nove da noite até as onze horas do dia seguinte. Ele considerava esses encontros com Anna a coisa mais importante que lhe acontecera na vida. Ela, por sua vez, impactada pela visita que a fez lembrar de sua juventude, dos encontros entre os jovens poetas russos dos quais participara, sentiu-se

[4] Ibidem, p. 189.
[5] Ibidem, p. 37.

novamente inspirada e escreveu versos sobre os diálogos com Isaiah. Contudo, depois que Berlin deixou a União Soviética, Akhmátova passou a ser perseguida em razão dos contatos com o visitante estrangeiro: seu filho foi preso novamente e sua licença de escritora foi cassada; a família de Berlin em Moscou também foi investigada, o irmão de seu pai foi preso e espancado, acusado de espionagem para os britânicos, por conta da visita do sobrinho. Akhmátova, contudo, não deixou seu país, e encarnou o ideal de coerência moral que Berlin tanto admirava nos intelectuais da Rússia pré-revolucionária.

Em 1965, Berlin foi convidado para ser diretor de um novo *college* que seria criado em Oxford. Receoso a princípio, Berlin acabou se dedicando totalmente à iniciativa, desde o levantamento de fundos até o escritório de arquitetura que deveria apresentar o projeto do que seria o *Wolfson College*. No dia de sua inauguração, a rainha em pessoa depositou a pedra fundamental da instituição, que teria para sempre a marca de seu primeiro diretor: em lugar da antiga formalidade da universidade, agora os muros entre professores e alunos se viam desfeitos em um ambiente mais igualitário, inclusivo e participativo. Foi uma lufada de ar para Oxford, uma renovação bem-vinda e necessária à centenária universidade; quanto a Berlin, "foi o único filósofo a deixar atrás de si uma instituição criada à imagem de seus ideais".[6]

Berlin se tornou um intelectual público, fez diversas conferências e deu aulas na Inglaterra e nos Estados Unidos, algumas transmitidas pela BBC, sem nunca ter manifestado opiniões extremadas; sempre se considerou menor do que realmente era, e lamentava o fato de não ter produzido uma *opera magna*, uma obra digna de um *scholar* de Oxford. O legado da Wolfson e a compilação de diversos artigos e conferências (e a consequente pesquisa derivada dessas publicações) mostrariam a ele, no final de sua vida, que ele estava errado. Faleceu no dia 5 de novembro de 1997, aos 88 anos.

[6] Ibidem, p. 281.

II

O assombro diante dos acontecimentos da primeira metade do século XX acometeu diversos pensadores e filósofos do entre e pós-Segunda Guerra, e com Berlin não foi diferente. Com a fuga da Letônia, o acompanhamento a distância da experiência soviética e, posteriormente, o trabalho de inteligência e de relações exteriores para o governo inglês durante a Segunda Guerra e a Guerra Fria, além da perda de familiares durante o Holocausto, começou a ganhar corpo o enfoque e a crítica de Berlin sobre formas de pensar que fossem baseadas exclusivamente em um conjunto de regras. Suas suspeitas haviam surgido com sua obra *Karl Marx* e a reconstrução de um Marx embebido pela ideia hegeliana de dialética histórica, que arrastava os perdedores em nome de um bem maior. Foi assim que começaram a florescer suas reservas não só em relação ao monismo (nome dado por Berlin para uma visão exclusiva e inegociável, de um conjunto de verdades que, uma vez descobertas, trariam a tão esperada paz perpétua), mas também a qualquer perspectiva de inevitabilidade histórica, e ao que ele mais tarde chamaria de "liberdade positiva", a liberdade encontrada sob a obediência a si mesmo e às regras de transformação histórica.

Berlin, chocado com o poder das ideologias políticas em seu próprio século, tornou-se um pensador em favor da liberdade, uma vez que, na posição de testemunha histórica, quer como fugitivo da revolução soviética, quer como funcionário de uma agência aliada, ou ainda como descendente de vítimas judias do Holocausto, ele pôde constatar as desgraças produzidas por doutrinas políticas transformadas em expectativas de salvação – e por isso mesmo utópicas.

Utópicas porque, sob a óptica de Berlin, a paz e a concórdia universais não passavam de uma ilusão que a filosofia ajudou a nutrir desde Platão e seu mundo e república ideais, passando pelas utopias literárias, pelo esperado e revelado reino cristão, pelas tradições dos conservadores, pela descoberta racional de regras escondidas na natureza, ou ainda pelos pensadores de coração puro, líderes e filósofos iluminados e dotados de sabedoria suficiente para compreender os caminhos que a história segue inevitavelmente, quer movida por Deus, pelas lutas de classes, por uma raça predestinada, etc. O autor entende que, enquanto o homem sonhou romanticamente com a paz, o que ele continuou a fazer foi, de fato, a guerra. O primeiro capítulo da presente obra se destina a acompanhar a compreensão de Berlin acerca da origem desse tipo de pensamento.

Berlin então se dá conta de que, se havia uma lição que poderia ser tirada da história, era a de que a guerra e o conflito de interesses, quer por indivíduos, quer por nações, sempre estiveram presentes na experiência humana. Descrente de qualquer lei natural ou moral revelada, ele advogava que os interesses humanos eram criação de homens cuja natureza é incompleta. Portanto, seus desejos seriam inúmeros, tão numerosos que não poderiam ser limitados à busca da felicidade, da paz ou da justiça, por exemplo, e continuariam a se multiplicar e conflitar no avanço natural das sociedades – e por meio desses interesses é que os valores seriam criados.

O que haveria de ser estabelecido, para que a dignidade humana fosse preservada, era que as relações políticas previssem a condição de disputa contínua, e procurassem harmonizar essas mesmas relações, embora se soubesse de antemão que, na busca e no alcance de um bem ou valor desejável, outro seria descartado. Aqui nasce a doutrina berliniana do pluralismo de valores: os valores são os desejos humanos (que podem ser considerados bons ou ruins, mas que devem ser garantidos em nome da liberdade humana), e eles sempre entrarão em choque por serem incompatíveis. Além disso, por serem criados, também são considerados incomensuráveis, ou seja, Berlin rejeita qualquer hierarquia de valores que estabeleça a primazia de um sobre os outros (por exemplo, tomar a justiça como valor cardeal, conforme recentes teorias de filosofia política, acima da liberdade, ou da igualdade, etc.).

Ao observar os povos e nações ao longo da história, o que se vê são conjuntos de valores diferentes, muitas vezes, ligados às tradições e culturas de uma população reconhecida por eles. Para uma cultura, a honra poder ser o valor principal, ao passo que, para outra, pode ser a liberdade. A riqueza humana está no reconhecimento e na tolerância dessas diferenças, e são elas que concedem identidade a seus participantes. O que se deve respeitar, afirma Berlin muitas vezes, são tanto os valores que sempre foram reconhecidos e comumente observados por diferentes povos (o direito à vida, acesso a víveres, casamento, religião, etc.) quanto um mínimo de liberdade individual que seja intocável: a propriedade privada, a liberdade de expressão e de culto, de se fazer o que se deseja com a própria vida. Aqui Berlin identifica-se com os grandes vultos do liberalismo – e a si mesmo como um liberal –, e essa proposta seria chamada por ele de "liberdade negativa", ou seja, o aumento ou a garantia de liberdade identificada na ausência ou na influência de agentes externos.

Para sua interpretação do pensamento político, Berlin recorre a uma farta contribuição de pensadores e movimentos a partir do Iluminismo, Rousseau, Newton, Hume, Vico, Herder, os românticos, todos tomam parte na reconstrução que Berlin faz para, enfim, encontrar a origem das questões que se materializaram em seu próprio tempo. Embora tenha predileção por uns, reconhecendo-se deles devedor direto, reserva para outros uma ferrenha crítica. Seja como for, Berlin não esconde que é produto tanto das luzes e do racionalismo dos iluministas quanto da suspeita e da liberdade dos românticos: e se em ambas as correntes ele identificaria riscos e sérias consequências no século XX, é também nelas que ele procuraria suas respostas. Os argumentos de Berlin para as falhas encontradas em meio ao pensamento monista serão discorridos no segundo capítulo desta obra.

Apesar de sua vigorosa argumentação, Isaiah Berlin não foi poupado de críticas e revisões que contestaram seus posicionamentos: será possível defender o pluralismo sem incorrer em relativismo, uma vez que não há um fim que se busque, tampouco uma escala de valores em nome da qual se deva agir e deliberar? E, sendo inúmeros os fins buscados pelos homens, qual o valor da liberdade – e consequentemente do liberalismo – no pensamento de Berlin? Por fim, embora considerasse a identidade como resultante da participação em uma cultura distinta, e recusasse o modo de vida universalista dos iluministas, sua própria vida poderia ser considerada como diferente de seu pensamento. Esses tipos de contradição e crítica permeiam a vida e a obra de Berlin, e poderão ser vistos em sua avaliação da criação e manutenção do Estado de Israel e sua relação com as populações palestinas, no seu posicionamento político aparentemente contraditório e numa possível leitura exagerada de grandes personagens da história.

Entretanto, por ser considerado associado aos problemas de seu século, dúvidas quanto à validade atual de seu trabalho sempre assolam aqueles que se debruçam sobre a extensão de sua filosofia: os dois conceitos de liberdade ainda fazem sentido hoje? Existem situações em que a liberdade positiva ainda represente um risco à liberdade como um todo? A opinião deste autor a respeito do pensamento de Berlin e de toda a problemática apresentada por seus críticos no terceiro capítulo ficará reservada à conclusão desta obra, que contará ainda com contribuições de Berlin para o pensamento político contemporâneo, os caminhos que sua obra abriu e a eventuais questões surgidas no contato com o filósofo britânico.

III

Berlin possui poucas obras completas. A maioria de seus escritos a que temos acesso hoje consiste em palestras e artigos compilados por seu editor, Henry Hardy. Por não ter se dedicado exaustivamente no aprofundamento de seus conceitos a respeito da liberdade e do pluralismo de valores, muitas vezes, seus críticos, e mesmo seus admiradores, acabam por encontrar lacunas e posições contraditórias em meio aos seus escritos e pronunciamentos.

Não obstante, o que se percebe no contato com a obra berliniana é um pensador completamente secular, embebido pelo mundo real, pela vida como ela é, pelo que os homens têm demonstrado ser e pela forma como têm agido desde sempre. Uma recusa categórica em aceitar um modo de vida que seja pautado por supostas revelações, ou utopias, doutrinas religiosas ou quaisquer outros princípios que retirem do homem a responsabilidade pela condução de sua própria vida da maneira que melhor entender. Daí o ineditismo de seu pensamento, ou seja, a identificação de propostas de perfeição não só nas religiões, como também na filosofia: para Berlin, mesmo os gregos já nutriam esperanças por uma sociedade perfeita, de homens docilmente contentes com sua situação de perene consenso, livres de guerras, discussões ou necessidades. Se até a época de Marx a filosofia continuou a esperar por esse mundo perfeito, Berlin o recusa, levando em conta a duradoura situação de conflito que, desde sempre, marcou a condição humana.

Verifica-se também que Berlin propõe, ou pelo menos aparentemente compara, a diferença das visões políticas do Iluminismo francês, pautadas na igualdade, com a estrutura política inglesa, marcada principalmente pela liberdade. Os ingleses contavam com a influência da Carta Magna e dos normandos quando de sua invasão da Inglaterra, o impacto da Revolução Gloriosa, a administração dos poderes da Coroa, e a liberdade sobre a crença, o comércio e a propriedade privada. Já os franceses tomaram caminhos diferentes durante sua Revolução, e deram vazão, segundo Berlin, a doutrinas políticas mais violentas e instáveis. Sua comparação entre as liberdades negativa e positiva poderiam ser lidas, de certa forma, como o embate oriundo das duas revoluções acima citadas, uma delas voltada para o acréscimo de liberdade sobre o indivíduo, característica marcadamente inglesa e herdada pelos americanos, contra a identificação de uma vontade mais ilibada na conversão do indivíduo aos interesses de todos, marcadamente igualitária. Não poucos historiadores conectam a Revolução de 1789 com a de 1917, e com Berlin não foi diferente. Karl Popper, em seu *The Open Society and its Enemies* (1945), já havia feito o mesmo caminho que Berlin percorreu, identificando as mesmas pretensas leis históricas que regem o mundo na construção das doutrinas políticas de Platão, Hegel e Marx; o mesmo se pode dizer de Edmund Wilson e, de certa maneira, de Michael Oakeshott.[7] Em 1960, Emil Cioran também chamou a atenção para os desdobramentos políticos recentes e suas colorações utópicas:

> Tudo se passa como se, depois do Renascimento, os espíritos tivessem sido atraídos, na superfície, pelo liberalismo, e, em profundidade, pelo comunismo, que, longe de ser um produto circunstancial, um acidente histórico, é o herdeiro dos sistemas utópicos e o beneficiário de um longo trabalho subterrâneo; de início capricho ou cisma, adquiriria mais tarde o caráter de um destino e de uma ortodoxia.[8]

Bastante influenciado pelos pensadores liberais, principalmente por Benjamin Constant, Berlin afirma observar os espaços mínimos de liberdade individual, defendida pelos grandes nomes do liberalismo clássico, e sem os quais a dignidade humana poderia ser colocada em risco, como se verificou em posições utópicas quer na teoria, quer na prática.

A sequência com que os assuntos no primeiro capítulo foram dispostos é a forma como entendo que Berlin pensou sua "história das ideias" e organizou a evolução do conceito que mais tarde chamaria de "liberdade positiva". As ciências humanas começaram a procurar verdades absolutas tais como Newton havia feito nas ciências naturais, e dessas tentativas surgiram teorias sobre como os homens deveriam

---

[7] Oakeshott descreve a diferença entre a "política da fé" e a "política do ceticismo", contrastando aqueles que nutrem grandes esperanças nas deliberações políticas, tais como se fossem religiosos de Estado, diferentemente daqueles que optam por depositar suas forças na administração de suas vidas comuns, receosos de grandes mudanças sociais e desprovidos de qualquer expectativa quanto a política. Michael Oakeshott, *A Política da Fé e a Política do Ceticismo*. São Paulo, É Realizações, 2018.

[8] Emil Cioran, *História e Utopia*. Rio de Janeiro, Rocco, 2011, p. 104.

viver, sendo a proposta de Rousseau a mais influente nos séculos posteriores. Esse tipo de pensamento originou esperanças utópicas que começaram na Revolução Francesa e se seguiram pelo socialismo e outros movimentos. A partir de Hegel, a ideia de que a história segue um curso predeterminado (inevitabilidade histórica) acompanhou alguns desses movimentos; sendo assim, cabia aos homens obedecer ao destino histórico, proporcionando situações que auxiliassem na conclusão dos tempos. *A República* platônica, no entanto, foi a primeira tentativa de uma sociedade planificada, e perpassaria todas as suas herdeiras ao longo da história.

A presente obra é o resultado de um grande interesse pelo pensamento de Berlin e pelos quase trezentos anos de história sobre os quais ele discorre. É um desafio abarcar tanto tempo e uma impossibilidade aprofundar tantos conceitos, pensadores e ideologias filosóficas e políticas importantes, mas, se o trabalho aqui exposto servir como uma pequena introdução ao universo berliniano, ficarei satisfeito.

1. RAZÃO, UTOPIA E LIBERDADE

1. NASCIMENTO DA IDADE MODERNA E O SURGIMENTO DO ILUMINISMO

"*The proper study of mankind is man.*"

Alexander Pope

A Europa do final da Idade Média era praticamente a mesma, teológica e cientificamente, que a dos séculos que a precederam na era cristã. Se a espiritualidade era ditada pelos dogmas da Igreja Católica, a ciência se baseava na interpretação da obra de Aristóteles e, mais especificamente, na Astronomia, na obra de Ptolomeu e seu *Almagesto*, uma interpretação do mundo e dos corpos celestes baseada na física aristotélica. Entretanto, o universo intelectual, depositado calmamente sobre o escolasticismo, estava prestes a viver dias de turbulência e espanto como nunca antes testemunhados. E, em pouco tempo, teorias que antes ficavam restritas aos círculos de teólogos, a cientistas e homens das letras, teriam impacto direto na vida do homem comum, trazendo furor diante da queda de um mundo conhecido e defendido por eras. Doutrinas religiosas e cosmovisões seriam colocadas sob questão, e as formas como o homem via a si mesmo, e também a natureza, sofreriam um duro golpe: foram essas as dores de parto no nascimento da Idade Moderna.

O século XVII tem seu início após a fratura ocorrida na cristandade, resultante da Reforma Protestante no século anterior, e a Europa vê a proliferação de seitas protestantes marginais, aumentando o número de perspectivas a respeito da Bíblia e da fé, um fenômeno novo e radical na história do Ocidente, que experimentara o predomínio católico por séculos. Por outro lado, uma crescente Astronomia, desenvolvida por Copérnico e Kepler, e posteriormente confirmada por Galileu, "substituiu o mundo geocêntrico, ou mesmo antropocêntrico, da astronomia grega e medieval, pelo universo heliocêntrico e, posteriormente, acêntrico, da astronomia moderna".[1]

O espírito do tempo também se via na obra e no pensamento de Francis Bacon, que, com sua abordagem sobre os fenômenos da natureza feita em *Novum Organum*, começaria a indicar os caminhos que as ciências deveriam tomar. Sua rejeição aos métodos passados, tais como a lógica do silogismo e a criação de conceitos desligados de um método rigoroso de indagação e pesquisa científica, somada à proposição de um combate contra os "ídolos" da mente, que desvirtuam o homem do verdadeiro conhecimento, compõe a marca de seu método de pesquisa e descoberta que buscaria a dominação sobre a natureza.

René Descartes, considerado o precursor da filosofia moderna, publica seu *Discurso do método* em 1637, alegando que nenhuma afirmação científica ou metafísica poderia ser considerada verdadeira se não contasse com "princípios claros e indubitáveis contra os quais avaliá-los",[2] não encontrados, por exemplo, na especulação escolástica. A mudança radical que ocorreu nesse período foi a transição de um cientificismo antigo, ainda preso a uma visão de mundo mágica e mitológica, atada às tradições religiosas e presente no pensamento do homem comum, para uma ciência exigente de rigor matemático, que confirmava suas teorias por meio de experimentos amparados por

---

[1] Alexandre Koyré. *Do Mundo Fechado ao Universo Infinito*. Rio de Janeiro, Forense Universitária, 2006, p. 1.

[2] Roger Scruton, *Uma Breve História da Filosofia Moderna: de Descartes a Wittgenstein*. Rio de Janeiro, José Olympio, 2008, p. 46.

novíssimos instrumentos de observação[3] e cálculo, e totalmente submetidos à razão, com o intuito de salvaguardar a ciência e o conhecimento de quaisquer superstições, crendices ou senso comum que não estivessem compromissados com a exatidão epistemológica necessária.

(...) esses aspectos são concomitantes e expressões de um processo mais profundo e mais fundamental, em resultado do qual o homem, como às vezes se diz, perdeu seu lugar no mundo, ou, talvez mais corretamente, perdeu o próprio mundo em que vivia e sobre o qual pensava, e teve de transformar e substituir não só conceitos e atributos fundamentais, mas até mesmo o quadro de referência de seu pensamento. Pode-se dizer, aproximadamente, que essa revolução científica e filosófica – é de fato impossível separar o aspecto filosófico do puramente científico desse processo, pois um e outro se mostram interdependentes e estreitamente unidos – causou a destruição do Cosmos, ou seja, o desaparecimento dos conceitos válidos, filosófica e cientificamente, da concepção do mundo como um todo finito, fechado e ordenado hierarquicamente (...).[4]

Descartes, entretanto, ainda defende ideias inatas, como a da existência de Deus e de sua participação no processo epistemológico humano. John Locke, por sua vez, imprimiria no pensamento científico a definição dos objetos que de fato podem ser conhecidos, bem como a absoluta necessidade da experimentação como fundamento

---

[3] Hannah Arendt coloca a invenção do telescópio junto à Reforma Protestante e a descoberta das Américas como os acontecimentos que inauguram o mundo moderno: "O que Galileu fez e que ninguém havia feito antes foi usar o telescópio de tal modo que os segredos do universo foram fornecidos à cognição humana 'com a certeza da percepção sensorial', isto é, colocou ao alcance de uma criatura presa à Terra e de seus sentidos presos ao corpo aquilo que parecia estar para sempre além de suas capacidades – na melhor das hipóteses, estava aberto às incertezas da especulação e da imaginação". Hannah Arendt, *A Condição Humana*. Rio de Janeiro, Forense Universitária, 2010, p. 324.

[4] Alexandre Koyré, *Do Mundo Fechado ao Universo Infinito*. Rio de Janeiro, Forense Universitária, 2006, p. 6.

básico para averiguação e submissão da natureza em busca de leis e comprovação de teorias. Em Locke, o próprio entendimento humano, suas formas e capacidades de conhecer são colocados em questão, tanto quanto são eliminados da investigação do intelecto os objetos de natureza metafísica, fazendo com que os pensadores do Iluminismo optassem pelo seu empirismo, secularizando finalmente o pensamento de forma integral, uma vez que "o problema deve ser formulado e resolvido no terreno da experiência".[5]

Com a exigência cada vez maior de provas empíricas e o estabelecimento de leis científicas que dessem conta de explicar a natureza, indubitavelmente a física de Isaac Newton levou a ciência a um novo patamar. Newton, em vez de impor regras ao funcionamento da natureza, buscou nela, em seu comportamento e nos dados verificados, as leis naturais que regem o universo. Essas leis, por sua vez, apresentam ao cientista estruturas matemáticas precisas. A publicação da obra *Philosophiae Naturalis Principia Mathematica* (ou simplesmente *Principia*, de 1687) revoluciona o pensamento científico pela capacidade de explicar todos os fenômenos da natureza através de suas teorias. O século das luzes terá início com toda essa herança intelectual, e continuará o legado deixado pelos pensadores dos séculos imediatamente antecedentes, em especial, Newton:

> A filosofia do século XVIII está, em todas as suas partes, vinculada ao exemplo privilegiado, ao paradigma metodológico da física newtoniana; mas logo sua aplicação foi generalizada. Não se contenta em compreender a análise como a grande ferramenta intelectual do conhecimento físico-matemático e vê aí o instrumento necessário e indispensável de todo o pensamento em geral. Em meados do século, o triunfo de tal concepção já está assegurado.[6]

---

[5] Ernst Cassirer, *A Filosofia do Iluminismo*, 1992, p. 140.

[6] Ibidem, p. 30-31.

A extensão do método newtoniano aos mais diversos campos do conhecimento humano será, como afirma Cassirer, verificada em todo o século das luzes.[7] A expectativa dos *philosophes* franceses era a de trazer as luzes da razão para toda a humanidade, fazendo com que esta se livrasse, finalmente, de todo falso conhecimento. Propostas como a da *Encyclopédie* demonstram o espírito do tempo, em busca da explicação universal e definitiva para todas as ciências, dentre elas, naturalmente, o conhecimento acerca do comportamento humano. Mas não contemplava somente um estudo profundo a respeito da ética, da moral e política: assim como Newton havia identificado leis que explicavam o universo, a pretensão era de que semelhantes leis pudessem ser encontradas para que, com efeito, se descobrisse como os homens deveriam viver.

2. PHILOSOPHES DES LUMIÈRES

Em linhas gerais, o Iluminismo foi um movimento que se caracterizou pela "defesa do conhecimento científico e da técnica enquanto instrumentos de transformação do mundo e de melhoria progressiva das condições espirituais e materiais da humanidade".[8] O entusiasmo com o avanço das ciências, uma nova forma de se pensar a religião, a quebra de vínculos com a Igreja e a preocupação com a situação de todos os homens foram características do período e se encontram,

---

[7] "A Razão dos iluministas é a razão que encontra seu *paradigma na física de Newton*, que não aponta para as essências, não formula hipóteses nem se perde em conjecturas sobre a natureza última das coisas, mas, partindo da experiência e em contínuo contato com a experiência, procura as *leis* de seu funcionamento e as submete à prova". Giovanni Reale; Dario Antiseri. *História da Filosofia: de Spinoza a Kant*. São Paulo, Paulus, 2004, p. 222. Entretanto, é natural que não houvesse unanimidade, como destaca Israel: "Ao mesmo tempo em que os proclamava em público herois de sabedoria e estatura incomparáveis, em particular, entre seus amigos, d'Alembert – e mais ainda Diderot – era muito crítico com relação a grande parte da filosofia de Locke e rejeitava elementos-chave de Newton"; Jonathan Israel, *Iluminismo Radical: a Filosofia e a Construção da Modernidade*. São Paulo, Madras, 2001, p. 564. Inegável é, no entanto, a enorme influência que exerceram no período.

[8] Giovanni Reale; Dario Antiseri, op.cit., p. 221.

em uma forma ou outra, em todas as manifestações iluministas pela Europa. No entanto, são percebidas diferenças razoáveis no pensamento expresso em cada região afetada pelo Iluminismo, embora pelo senso comum ele sempre seja associado à experiência francesa.[9]

Na França, mais do que em qualquer outro lugar, a razão teve grande destaque na condução dos conhecimentos que, acreditava-se, levariam a humanidade a um novo e avançado patamar. A expectativa dos chamados *philosophes* (Diderot, d'Alembert, Holbach, Helvetius, bem como Voltaire e Rousseau)[10] era a da criação de uma nova sociedade, com princípios identificados pela razão, em leis naturais que seriam manifestadas na natureza humana. Embora discordassem em muitos pontos, e divergissem quanto à profundidade ou à necessidade de reformas sociais, políticas e religiosas, em linhas gerais todos partilhavam a esperança de uma sociedade aprimorada, desde que sujeita às ideias iluministas. De fato, a França do século XVIII vivia sob um sistema semelhante ao feudal, tanto no aspecto social quanto econômico

---

[9] Seguimos aqui a interpretação de distintos Iluminismos pela Europa e pela América do Norte encontrada na obra de Gertrude Himmelfarb, *Os Caminhos para a Modernidade: Os iluminismos britânico, francês e americano*. A obra elucida que a França assistiu a uma "ideologia da razão"; os britânicos produziram uma "sociologia da moral ou dos afetos sociais", enquanto os americanos criaram uma "política da liberdade".

[10] Usamos aqui o termo *"philosophes"*, no original em francês, pois a própria palavra designa historicamente o grupo específico de filósofos e pensadores franceses do século XVIII. Isso não significa que outros intelectuais, de outras nacionalidades, não tenham pensamento semelhante ao dos franceses, tampouco que todos os franceses do período pensassem de forma igual. Como exemplo, citamos Montesquieu, que tinha um pensamento mais alinhado aos pensadores britânicos, enquanto, na Inglaterra, Thomas Paine mostrou-se simpático às ideias francesas. A *Encyclopedia Britannica* considera "Voltaire, Montesquieu, Diderot, Rousseau, Leclerc, Condillac, Turgot e Condorcet como *philosophes* (Disponível em: https://www.britannica.com/topic/philosophe). A *Stanford Encyclopedia of Philosophy* considera *philosophes* "*a term often used synonymously with the Encyclopédistes*" (Disponível em: https://plato.stanford.edu/entries/voltaire/). No Dicionário de Filosofia de Cambridge, o verbete *"philosophes"* também é associado aos pensadores que colaboraram na *Encyclopédie*: "As colaborações foram feitas pelos *philosophes* Voltaire, Rousseau, Monstesquieu, d'Holbach, Naigeon e Saint-Lambert (...), tendo como redatores Diderot e d'Alembert, Robert Audi, dir. *Dicionário de Filosofia de Cambridge*. São Paulo, Paulus, 2006, p. 261.

e tecnológico, reforçando o contraste com a vizinha Inglaterra,[11] que já apresentava avançada produção industrial, além do envolvimento de nobres na manufatura e no comércio. Na França, nobreza e clero viviam de benefícios do Estado, estabelecidos também em tempos feudais, em contraste com camponeses e artesãos, que trabalhavam e pagavam impostos. Somam-se a isso os gastos com a Guerra dos Sete Anos (1756-1763) e os custos com a marinha e a manutenção de sua esquadra, além de um exército continental (exemplo único dentre as potências europeias a tomar estas medidas), ambos grandiosos e dispendiosos.[12]

Os *philosophes*, entretanto, não eram contrários à monarquia ou à nobreza, pois eles mesmos eram membros da sociedade francesa. Para eles, o principal adversário a ser combatido era a Igreja Católica, a fonte de toda superstição popular e do desvirtuamento do caminho de iluminação ao qual a razão poderia levar. Uma parte dos *philosophes* era deísta, enquanto outros eram simplesmente ateus; de qualquer forma, a religião e o cristianismo propriamente dito deveriam ser extintos como tal, dando lugar a uma religião natural ou a uma moralidade racional. Segundo a *Encyclopédie*, a "razão é para o filósofo (...) o que a graça é para o cristão. A graça move o cristão a agir, a razão move o filósofo",[13] reconhecendo a razão como dogma e validando seu status de importância à altura da divindade.

---

[11] Embora também houvesse na França uma considerável produção e um comércio, fomentados pela burguesia produtora, seu controle era feito completamente pela coroa, enquanto os ingleses já contavam com liberdade de administração de seus próprios negócios. Essa burguesia francesa, no entanto, tinha interesses nessa relação, uma vez que esperava participar da nobreza, por meio da compra de terras. "Isto porque a burguesia mercantil, ao contrário da industrial, não é uma classe produtiva. Sua função não consiste em produzir bens mas em negociá-los. Ao contrário da burguesia industrial, típica do século XIX, ou da burguesia manufatureira puritana (...) a burguesia mercantil estava totalmente influenciada pelo padrão de comportamento da nobreza, 'cujos gastos são sempre superiores a seus ingressos'." Modesto Florenzano, *As Revoluções Burguesas*. São Paulo, Editora Brasiliense, 1981, p. 20.

[12] Simon Schama, *Cidadãos: uma Crônica da Revolução Francesa*. São Paulo, Companhia das Letras, 1989.

[13] Gertrude Himmelfarb, *Os Caminhos para a Modernidade: Os iluminismos britânico, francês e americano*. São Paulo, É Realizações, 2011, p. 194.

Foi neste contexto de instabilidade social, imposição religiosa e efervescência intelectual que as expectativas a respeito de um novo homem cresceram. Esse novo homem deveria pautar-se por novas regras, pois, conforme Quesnay, deveria obedecer "à suprema razão que governa o universo",[14] uma lei que seria descoberta pelos pensadores e trazida à humanidade para que fosse observada, e a levasse finalmente à felicidade e paz mundial.[15] Essas leis naturais, no entanto, eram na maioria das vezes idealizações distintas da vida prática. É curioso verificar que, embora creditassem a Locke uma poderosa influência sobre seu pensamento, os *philosophes* não acataram a principal doutrina lockeana, de submeter à empiria, ou verificar através de experimentos, se sua teoria de fato era verdadeira. Ao contrário, acabaram "substituindo 'a plenitude e complexidade de realidades' por um 'mundo abstrato', substituindo o indivíduo real tal como de fato existe na natureza e na história por um 'homem em geral'".[16]

Segundo Isaiah Berlin, para propor um consenso geral entre os homens, os iluministas franceses acreditavam que todos os interesses humanos eram compatíveis; no fundo, a vontade de todas as pessoas é genuinamente boa e pende para um acordo universal, buscando harmonia na confusão de interesses particulares. Entretanto, quando apresentam sinais de mesquinhez e individualismo, devem ser considerados culpados a ignorância, as superstições, os desmandos políticos aos quais as pessoas tinham de se submeter. Em contrapartida, se seguissem sua vontade interior, despidos de todas as influências externas que lhes são maléficas, os homens agiriam em prol da sociedade, do coletivo, abrindo mão de interesses próprios em nome

---

[14] Ibidem, p. 210.

[15] "O projeto conduzirá os revolucionários a criar uma sociedade nova e um homem novo, aos quais imporão, em nome da razão, obrigações maiores que as das monarquias absolutas". Alain Touraine, *Crítica da Modernidade*. Petrópolis, Editora Vozes, 1994, p. 33.

[16] Roger Chartier, *Origens Culturais da Revolução Francesa*. São Paulo, Editora Unesp, 2009, p. 33.

do interesse comum: aí reside, verdadeiramente, a mais pura vontade humana. Não haveria problemas em defender que o ambiente externo causasse alguma influência negativa sobre indivíduos, mas a crença em uma vontade interior, virtuosa e universal é um dos produtos de um pensamento baseado num mundo abstrato, distante da realidade. Para estabelecer tal verdade e paz, para que se propagasse a verdade a respeito da vontade genuína dos homens, era preciso descobrir uma lei natural que enfim explicasse o comportamento humano, tal como as leis de Newton explicavam o mundo físico. E com o avanço das luzes e do conhecimento, esse tempo estava perto de chegar, ou ao menos a convicção de que tais leis ou métodos existissem já era compartilhada pelos principais pensadores da época.

Aqui reside uma das principais críticas de Isaiah Berlin às propostas de ciências humanas que, no período iluminista, pretenderam seguir na esteira das descobertas das ciências naturais em busca de verdades absolutas a respeito do comportamento humano:

> O que é comum a todos esses pensadores é a crença de que há apenas um único método ou arranjo de métodos verdadeiros: e que tudo o que não pode ser respondido por esse método não pode ser respondido de modo algum. A implicação disso é que o mundo é um sistema único que pode ser descrito e explicado com o uso de métodos racionais; disso resulta, na prática, que, se a vida de um homem deve ser organizada, e não abandonada ao caos e ao jogo da natureza e a acasos incontroláveis, ela só pode ser organizada à luz de tais princípios e leis. Não é surpreendente que essa visão seja tão firmemente defendida e tenha tanta influência na hora do maior triunfo das ciências naturais – certamente uma realização importante, se não a principal, da inteligência humana: e especialmente, portanto, no século XVII na Europa Ocidental. Desde Descartes, Bacon e os seguidores de Galileu e Newton, de Voltaire e os enciclopedistas a Saint-Simon, Comte e Buckle, e, no nosso

século, H. G. Wells, Bernal, Skinner e os positivistas vienenses, com seu ideal de um sistema unificado de todas as ciências, naturais e humanas, esse tem sido o programa do moderno Iluminismo e tem desempenhado um papel decisivo na organização social, legal e tecnológica de nosso mundo. Isso talvez estivesse fadado a, mais cedo ou mais tarde, provocar uma reação da parte daqueles para quem as construções da razão e ciência, de um único sistema abrangente, quer pretendessem explicar a natureza das coisas, quer desejassem ir além e ditar, à luz desse conhecimento, o que se deve fazer, ser e acreditar (...).[17]

Berlin identificou, em seu caminho pela história das ideias, algumas direções que o pensamento político tomou e que, segundo ele, conduziram a Filosofia e mesmo a política para um terreno perigoso, a saber, a busca de um ideal, um princípio ou uma razão superior que fossem suficientes e finais para a explicação do comportamento humano e para os rumos que a história da humanidade tomaria. Essa ambição das ciências humanas teve início com o espantoso avanço científico alcançado a partir do século XV, com Copérnico, cujas descobertas se mostravam precisas e definitivas para esclarecer todos os fenômenos físicos e naturais antes aceitos ou entendidos por meio de teorias desprovidas de rigor científico. Se as ciências avançaram a tal ponto que todos os mistérios naturais pudessem ser enfim elucidados por uma teoria racional, pensaram os *philosophes*, por que não poderiam as ciências humanas acompanhá-las, desvencilhando-se de todos os dogmas e superstições que marcavam o entendimento humano sobre si mesmo, trazendo luzes sobre o fim último da vida? Condorcet foi um dos principais filósofos franceses do período a acreditar piamente nas capacidades da educação para o progresso humano. Ele entendia que, para tanto, *"as mentes devem ser forçadas*

---

[17] Isaiah Berlin, *Estudos sobre a Humanidade: Uma antologia de ensaios*. São Paulo, Companhia das Letras, 2002, p. 351.

a receber os princípios sobre os quais elas (as ciências morais) são baseadas",[18] e que a demora no desenvolvimento das chamadas ciências morais era resultado da manutenção de tradições, preconceitos e interesses particulares que deveriam ser combatidos. O governo justo, a conversão de preocupações pessoais em benefícios coletivos e a correta forma de vida para os homens estariam disponíveis ao conhecimento, bastando aplicar os métodos da ciência natural às ciências humanas:

> Se o homem pode predizer com uma segurança quase integral os fenômenos dos quais conhece as leis; se, mesmo quando estas lhe são desconhecidas, ele pode, a partir da experiência do passado, prever com uma grande probabilidade os acontecimentos do futuro; por que se veria como um empreendimento quimérico aquele de traçar, com alguma verossimilhança, o quadro dos destinos futuros da espécie humana, a partir dos resultados de sua história? O único fundamento de crença nas ciências naturais é a ideia segundo a qual as leis gerais, conhecidas ou ignoradas, que regram os fenômenos do universo são necessárias e constantes; e por quais razões esse princípio seria menos verdadeiro para o desenvolvimento das faculdades intelectuais e morais do homem do que para as outras operações da natureza? Enfim, já que as opiniões formadas a partir da experiência do passado, sobre objetos da mesma ordem, são a única regra da conduta dos homens mais sábios, por que se proibiria ao filósofo apoiar suas conjecturas nessa mesma base, desde que ele não lhes atribua uma certeza superior àquela que pode nascer do número, da constância, da exatidão das observações?[19]

---

[18] G. Matthew Adkins, *The Idea of the Sciences in the French Enlightenment: a Reinterpretation*. Lanham, University of Delaware Press, 2014, p. 124.

[19] Jean-Antoine Nicolas de Caritat, Marquês de Condorcet, *Esboço de um Quadro Histórico dos Progressos do Espírito Humano*. Campinas, Editora da Unicamp, 2013, p. 189.

Para Berlin, ciências humanas e naturais são campos de conhecimento completamente diferentes, não sendo possível o uso de padrões e métodos de uma sobre outra: os objetos de estudo de uma e outra são distintos, o que por si só eliminaria a possibilidade de um procedimento das ciências naturais aplicado a algum tipo de pesquisa ou experiência nas ciências humanas. E para isso Berlin sustenta algumas posições: influenciado por Giambattista Vico, Berlin defende que as ciências humanas estudam um mundo criado pelo homem, o qual o investigador científico observará de dentro, imerso em sua cultura, sua formação e suas opiniões, não sendo possível fazer sua ciência de forma objetiva, mas sempre sofrendo influência de suas próprias convicções e de sua formação, o que não ocorre com o mundo natural, passível de ser investigado de forma objetiva. Esse fato também aponta para a imutabilidade da natureza e a regularidade em seus fenômenos, o que estabelece determinadas metodologias, diferentemente dos homens, que não apresentam padrões no comportamento a ponto de se poder afirmar ou prever como um homem, ou uma sociedade, de fato, reagirão ou viverão. Para Berlin, a história deve ser estudada com o poder de interpretação do historiador a respeito do que foi vivido e sentido em determinado período, e a partir disso, imaginar o que de fato ocorreu.

Mesmo que em propostas diferentes, pensadores como Helvétius, Holbach, Diderot e Voltaire concordavam com Condorcet quanto à possibilidade de descoberta das leis naturais que regem os seres humanos. Berlin entendia que, desde Platão, os filósofos buscam uma verdade, que seria definitiva, para enfim esclarecer quaisquer mistérios que porventura ainda assombrassem os homens. Essa verdade, segundo Berlin, seguia pelo menos três suposições: a primeira, de que toda pergunta deve conter, necessariamente, somente uma resposta; em segundo lugar, que existe um método racional que pode ser descoberto e que auxiliará na resposta verdadeira e única para cada pergunta; e, por fim, quando todas as perguntas tiverem respostas, todas elas deverão ser harmônicas entre si.

Um dos filósofos a quem se aplicam essas suposições berlinianas é Rousseau. Embora seja conhecido como um dos principais *philosophes* do período iluminista, seu pensamento tem cores próprias, e em alguns importantes aspectos é bastante diferente de seus contemporâneos. Para Berlin, Rousseau é um pensador original, cuja influência seria decisiva nos principais eventos históricos e movimentos ideológicos que surgiram a partir da metade do século XVIII, e que, portanto, merece uma atenção mais dedicada.

2.1. Rousseau

Jean-Jacques Rousseau (1712-1778) era suíço, mas sempre foi associado ao pensamento do Iluminismo francês, pelo extenso período em que viveu na França, trabalhando inclusive na *Encyclopédie* com a produção de alguns verbetes. Em sua obra *Discurso sobre a origem e os fundamentos da desigualdade entre os homens* (1754), aponta o progresso como culpado pelos males da sociedade, destoando de seus contemporâneos, que viam interligados o crescimento das luzes e do esclarecimento dos homens e o avanço social e econômico das sociedades civilizadas – enquanto Rousseau desacreditava tanto da razão como "luz" exclusiva, tomada em si mesma e que leva ao conhecimento da verdade, quanto do crescimento científico e tecnológico das sociedades, entendendo que estas geram desigualdades. Segundo ele, o estabelecimento da sociedade, tal como ela evoluiu, acabou por agrilhoar os homens que, embora nasçam livres, tiveram sua liberdade natural suprimida. A diferença social é o mote de Rousseau contra a evolução da humanidade, cuja gênese, no princípio de propriedade privada, levou os genuínos interesses humanos para longe, substituindo-os pelo egoísmo, pela procura por vantagens individuais; mas o homem nem sempre foi assim, e sua busca pela felicidade passa antes pela busca interior, de seu verdadeiro eu, que é idêntico em todas as pessoas e que levará a todos às concepções da vontade geral.

Aqui, Rousseau faz uso da razão de forma distinta daquela de seus contemporâneos, pois a vontade geral é uma combinação racional que levaria os homens de volta à sua verdadeira natureza, que estaria distante da chamada "sociedade esclarecida", enquanto os demais pensadores da época acreditavam que a razão seria o principal instrumento de avanço científico e civilizatório. "Com Rousseau", diz Bento Prado Júnior, "o centro de gravidade da reflexão política se desloca da esfera do saber para a do poder, ou da Razão para a da paixão, ou ainda do Discurso para a da Força".[20] É conhecida a querela entre Rousseau e Voltaire a respeito desse tema. A solução para esse impasse é o propósito principal do *Contrato*, o qual, segundo Rousseau, era "encontrar uma forma de associação que defenda e proteja a pessoa e os bens de cada associado com toda a força comum, e pela qual cada um, unindo-se a todos, só obedece, contudo, a si mesmo, permanecendo assim tão livre quanto antes".[21] Essa liberdade anterior é o estado de natureza em que os homens viviam de maneira harmoniosa, descrita detalhadamente em sua obra *Discurso*, apresentando um homem semelhante aos habitantes nativos das Américas, preocupado apenas em saciar seus anseios mais imediatos.[22]

---

[20] Bento Prado Júnior, *A Retórica de Rousseau e Outros Ensaios*. São Paulo, Cosac Naify, 2008, p. 420.

[21] Jean-Jacques Rousseau, *Do Contrato Social. Ensaio sobre a Origem das Línguas. Discurso sobre a Origem e os Fundamentos da Desigualdade entre os Homens. Discurso sobre as Ciências e as Artes*. Trad. Lourdes Santos Machado, 1. ed., São Paulo, Abril Cultural (Os Pensadores), 1973, p. 38.

[22] O homem natural de Rousseau "define-se pela ausência de tudo que pertence especificamente à condição do homem civilizado". Jean Starobinski, *Jean-Jacques Rousseau: a Transparência e o Obstáculo; Seguido de Sete Ensaios sobre Rousseau*. São Paulo, Companhia das Letras, 2011, p. 414. Quanto à comparação com os nativos americanos, Rousseau chega a citar como exemplo que "Os caraíbas da Venezuela, entre outros, vivem, a esse respeito, na mais profunda segurança e sem o menor inconveniente. Embora vivam quase nus, diz François Correal, não deixam de corajosamente expor-se nas matas, armados unicamente de flecha e arco". Jean-Jacques Rousseau, op. cit., p. 246.

Nesse sentido, *grosso modo*, o contrato social de Rousseau diverge da proposta de Hobbes[23] quanto ao ânimo primevo dos homens em estado de natureza, uma vez que este via nesse período um "estado de guerra" entre os homens, o que levará à criação de uma sociedade debaixo do cetro forte do Estado; enquanto, do pensamento de Locke, Rousseau discordaria da teoria acerca da propriedade privada. Para Locke, "todos os homens possuem uma '*perfeita liberdade* para ordenar suas ações e dispor de suas posses e pessoas do modo como acharem conveniente, dentro dos limites da lei da natureza, sem (...) depender da vontade de qualquer outro homem'",[24] o que contrasta com a famosa afirmação de Rousseau a respeito da origem da sociedade organizada: "O verdadeiro fundador da sociedade civil foi o primeiro que, tendo cercado um terreno, lembrou-se de dizer *isto é meu* e encontrou pessoas suficientemente simples para acreditá-lo".[25] A ideia de propriedade privada, que segundo Rousseau teria marcado a passagem do último estágio do estado de natureza para o início da sociedade civil – e que foi originada após algum avanço intelectual experimentado pelos homens, desde a sua situação original do estado de natureza –, os teria poupado de muitas desventuras. Para Rousseau, Hobbes e Locke erram ao não perceber que suas concepções de homem no estado natural só seriam possíveis depois que esse mesmo homem fosse submetido à influência corruptora da sociedade, e não antes. Ambos os pontos de discordância citados acima serão considerados seminais no impacto que o pensamento rousseauniano terá sobre aqueles que sofrerão sua influência, e, de certa forma, tocam em duas das principais críticas de Berlin, a pluralidade de valores e a liberdade negativa.

---

[23] "Não iremos, sobretudo, concluir com Hobbes que, por não ter nenhuma ideia de bondade, seja o homem naturalmente mau; que seja corrupto porque não conhece a virtude [...]". Ibidem, p. 258.

[24] Vere Chappell (Org.), *Locke*. Aparecida, Ideias & Letras, 2011, p. 292.

[25] Jean-Jacques Rousseau, op. cit., p. 265.

Hobbes naturalmente admite que os homens possuam interesses distintos, e segundo sua obra teria sido esta incompatibilidade de intentos o que os levou ao estabelecimento do *Leviatã* e à consequente resignação dos direitos naturais pela autoridade civil, em nome da própria vida. Berlin, por seu turno, desenvolverá sua proposta a respeito da pluralidade de valores e, principalmente, na impossibilidade de coexistência pacífica entre eles, ao longo de sua obra. Quanto à questão da propriedade privada, nela reside a liberdade do indivíduo quanto a si mesmo e seus pertences: afinal, deve o homem decidir sobre os rumos de sua vida, independentemente de uma força política superior, ou seria ele incapaz, por algum motivo, de tomar decisões por si mesmo e, portanto, estaria fadado a obedecer a ordens de uma instância, uma autoridade ou um Estado que o conduziriam por um caminho mais venturoso?[26]

A principal teoria de Rousseau transita entre os dois conceitos acima citados, ou seja, a autoridade política que conduz os cidadãos, a despeito destes ansiarem sua liberdade e a satisfação de seus desejos. Mas, para que houvesse plena harmonia social, como poderiam autoridade e liberdade coexistir entre si? Esse paradoxo político intrigaria Rousseau até que ele encontrasse definitivamente uma solução para o impasse: a liberdade realizará plenamente os seus desejos na obediência à lei da *vontade geral*, pois o que ela exige é justamente aquilo que os homens *querem*, embora, em princípio, não o saibam. Para Rousseau, um homem que renuncia a sua liberdade, renuncia a sua própria humanidade, e, portanto, qualquer associação ou contrato civil que exija alienação de direitos naturais em nome da paz perpétua, da proteção de propriedade ou da manutenção e proteção da própria vida são inaceitáveis. Além disso, quaisquer direitos estabelecidos em semelhantes contratos são meras conveniências, criadas pelos homens, e que não resolvem os problemas relacionados à autoridade, pois continuaria a

---

[26] Os conceitos de liberdade negativa e pluralidade de valores serão analisados mais detidamente no capítulo 2. *Philosophes de Lumières*.

haver o comando de uns sobre os outros, estabelecendo-se uma desigualdade que não é reconhecida pelo direito natural, e as liberdades correriam risco diante do poder do governante. O que os homens devem buscar é uma situação semelhante à que havia no estado de natureza, a saber, de total dependência das coisas, mas não de seus semelhantes, posto que todos viviam de forma isolada, e não em grupos. Se esta era a lei natural que regia os homens em seus tempos mais primitivos, para que seja justa, uma nova sociedade deve seguir leis semelhantes, e não a autoridade de um governante, garantindo-se a liberdade originalmente desfrutada no mundo selvagem, mas elevando os homens a um patamar superior de sociedade ao que havia no estado de natureza. Para Rousseau, "nossa passagem adequada do estado de natureza para o estado civil não deve eliminar a verdadeira liberdade (...) mas, pelo contrário, deve realizá-la ao transformar nosso mero impulso do apetite em obediência a uma lei que prescreve a nós mesmos".[27]

Essa lei, que se conforma no interesse mútuo dos homens, é encontrada racionalmente e leva a sociedade a um concerto harmônico de interesses, garantindo: (i) a liberdade (alijada pelos governantes); (ii) a igualdade (ignorada na injusta distribuição de bens e no estabelecimento de diferenças entre poderosos e servos); e (iii) os interesses de todos os cidadãos.

> Entregando-se todos à lei, ninguém terá de entregar-se aos seus concidadãos, e os interesses particulares já não terão como influir no curso da vida, pois a lei deve cuidar apenas dos interesses gerais. Trata-se, pois, de construir, pelo uso da razão, um mundo artificial que reproduza, em sua essência, o reino da natureza; um mundo em que os homens se integrem perfeitamente, renunciando à liberdade natural e passando a viver em função do todo. Tal será a condição da liberdade civil, o que não é outra coisa senão afirmar que cada cidadão deve alienar integralmente o eu

---

[27] Robert Wokler, *Rousseau*. Porto Alegre, L&PM, 2012, p. 91.

particular ao todo formado pelo corpo civil, de modo a constituir uma nova unidade moral, dotada de uma vontade unificada e todo poderosa.[28]

Embora não creia no progresso racional e científico, Rousseau tem uma esperança em relação ao homem, desde que ele compreenda o caminho que a razão lhe orienta, ou seja, a obediência à vontade geral; essa obediência, uma escuta ao homem interior, é comum em todos os homens, e, portanto, os levará a todos às mesmas vontades, ao mesmo destino, ignorando e abandonando os antigos interesses egoístas. "Com a descrição impiedosa do funcionamento da sociedade, o pensamento de Rousseau abre um abismo entre o ser e o dever-ser, onde o dever-ser aparece como exigência da realização".[29] Para Isaiah Berlin, o contrato social de Rousseau é uma espécie de *utopia*, uma vez que, de uma forma praticamente metafísica, pressupõe que os homens podem viver em uma harmonia perfeita de interesses. Berlin destaca que o contrato poderia ser sugerido como uma tentativa de acordo em busca de consenso social, e que poderia ser desfeito ou abandonado em caso de falha. Entretanto, ele é oferecido por Rousseau como a única forma de se alcançar a mais perfeita conformidade social possível, como uma verdade oculta revelada somente a ele, entendedor do funcionamento das vontades em geral, formadoras de uma superentidade capaz de substituir mesmo a Deus como resposta última para os anseios humanos: em Rousseau, bem como em muitos outros *philosophes*, a política passa a ser substituta da religião, ou seja, a mudança da expectativa por uma salvação espiritual, e de felicidade em uma vida imortal por outra, de caráter imanente, que se realiza na perfeita união social.

---

[28] Rolf Kuntz, *Fundamentos da Teoria Política de Rousseau*. São Paulo, Barcarolla, 2012, p. 124-25.

[29] Bento Prado Júnior, *A Retórica de Rousseau e Outros Ensaios*. São Paulo, Cosac Naify, 2008, p. 421.

Berlin identifica Rousseau como um dos maiores inimigos da liberdade, embora fosse um defensor apaixonado dela. Entende que todo o uso que foi feito posteriormente de uma ideologia salvadora, cujo conhecimento pertence a uns poucos e que, por (supostamente) conhecerem o verdadeiro interesse humano, acreditam-se no direito de manipular os homens como bem desejarem, é resultado direto do pensamento rousseauniano. Argumenta que o impacto da influência de Rousseau sobre as ideologias e os acontecimentos que se seguiram a partir da Revolução Francesa sempre carregaram consigo os elementos utópicos de uma sociedade perfeita.[30]

3. UTOPIA

Visto como uma revelação a respeito do verdadeiro eu de cada indivíduo, e da possibilidade de se conquistar uma felicidade plena obedecendo a lei, garantindo liberdade a todos, o contrato social de Rousseau soa como uma utopia,[31] ou seja, a crença em um mundo perfeito isento de males e possuidor de felicidade eterna. No ocidente, os

---

[30] A opinião de que Rousseau influenciou, ou fomentou, a Revolução não é ponto pacífico entre seus críticos e comentadores. No breve artigo "Rousseau: filosofia política e revolução", Bento Prado Jr. tenta desmistificar a visão do Rousseau aliado ao Terror, revelando textos que faziam do genebrino um pensador contrário à violência, e, quando antevê a revolução, é sempre para localizá-la em um momento de "entropia absoluta, ou como a instalação da guerra de todos contra todos, que Hobbes situava equivocadamente na origem da sociedade (...). O século das revoluções que se aproxima não é o século do advento da Razão, da fraternidade, da igualdade e da liberdade; pelo contrário, é o tempo da morte da política, que cede passo à violência pura" (Bento Prado Júnior, *A Retórica de Rousseau e Outros Ensaios*. São Paulo, Cosac Naify, 2008, p. 425). Entretanto, a leitura que ora fazemos segue a abordagem de Isaiah Berlin, tanto no que tange a Rousseau quanto no que se refere a todos os outros pensadores citados por ele. Fazer uma abordagem de outras possíveis leituras a respeito de todos eles não faz parte do escopo do presente trabalho.

[31] Apesar dos elogios à Genebra, em seu *Discurso sobre a Origem da Desigualdade* (1754), nem todos os seus contemporâneos abraçavam os ideais de sua leitura política. "Temo", afirmou Jean Du Pan, "que se acredite que vós nos adulais em demasia; vós nos representais tal como deveríamos ser e não como de fato somos". Outro contemporâneo de Rousseau, J.L.S. Formey disse que "Jean-Jacques dirigira o olhar para Genebra mas vira, na realidade, uma utopia". in: Franco Venturi. *Utopia e Reforma no Iluminismo*. Bauru, Edusc, 2003, p.151.

ideais utópicos de sociedade teriam surgido com Homero e Hesíodo, citando povos distantes que viviam em plena felicidade, ou referindo-se a uma "idade de ouro", uma era de plena tranquilidade, mas muito distante no tempo. Também aparece em Platão, tanto na referência à Atlântida quanto em sua *República*, distribuída em três classes (uma primeira tentativa de estabelecer a "natureza" humana e seus pendores) e regida pelos filósofos que seriam os únicos capazes de instruir o povo; e segue com as religiões, que propuseram ou esperaram um milênio idílico de paz perpétua, de concerto entre os povos e um reino espiritual permanente. Com a redescoberta dos clássicos gregos e latinos na Renascença, após a Idade Média e seu hiato na criação de utopias, outras obras literárias utópicas foram criadas, dentre elas as de More, Campanella, Bacon, com suas críticas sociais e o intento profundo por uma sociedade mais justa.

Para Berlin, todas as obras literárias que propunham uma sociedade perfeita faziam parte de uma longa tradição filosófica de busca por um reino perene de justiça e paz, um retorno ao paraíso perdido de Adão. Muitos creram que a recuperação deste paraíso estava oculta em alguma obra religiosa, outros entendiam que somente os homens simples poderiam entender e indicar-lhes os rumos (como teriam pensado Rousseau e Tolstoi). Contudo, Berlin afirma que as sociedades ilustradas pelas utopias possuem características que nos são desconhecidas em nossa vida cotidiana: pessoas que vivem despreocupadas quanto aos seus interesses particulares, cujo desprendimento visa ao bem coletivo, ou mesmo a interesses exatamente iguais verificados em todas as pessoas, sem sombra de variação, sem espaço para a novidade. A ousadia ou a mudança de ânimos não são a realidade, e nunca foram assim – a ideia não é só improvável, mas se mostra incoerente, dada a pluralidade de valores defendidos e perseguidos por cada pessoa. É por isso que Berlin se mostra radicalmente contrário à usurpação da vontade natural dos homens, cheia de contradições e decisões inesperadas, por um projeto de paz, por mais perfeito que possa parecer; a partir das tentativas de se encontrar o verdadeiro funcionamento das sociedades e tentar colocá-lo em prática, as utopias passaram a ser um perigoso caminho que a história estava prestes a tomar. Numa sociedade em que os mesmos objetivos são universalmente aceitos, os problemas estão apenas nos meios, todos solucionáveis por métodos tecnológicos. Esta é uma sociedade na qual a vida interior do homem, a imaginação moral, espiritual e estética, deixa totalmente de ser relevante. É por isso que homens e mulheres devem ser destruídos e sociedades escravizadas? As utopias têm o seu valor – nada amplia de forma tão assombrosa os horizontes imaginativos das potencialidades humanas –, mas como guias da conduta elas podem se revelar literalmente fatais. Heráclito tinha razão: as coisas não se mantêm imutáveis.[32]

Berlin viu aqui o dilema da "cama de Procusto", ou seja, a tentativa, muitas vezes feita à força, de adequar indivíduos em nome de um "bem maior", o que no caso eram as novíssimas teorias dos pensadores franceses e seu ideário de uma sociedade justa, mas que, colocadas em prática, mostravam-se descoladas da realidade, uma submissão das pessoas a um programa em nome de uma pretensa verdade. Essa instauração forçada de uma utopia à vida real era vista por Berlin nos seguintes termos:

> (...) manipular os homens, empurrá-los para finalidades que você, o reformador social, vê, mas eles talvez não vejam, é negar a essência humana dos próprios homens e tratá-los como objetos sem vontade própria e, assim, degradá-los.[33]

Nesse sentido, é recorrente entre muitos historiadores o entendimento de que a Revolução Francesa, em seu período de Terror, foi

---

[32] Isaiah Berlin, *Os Limites da Utopia*. São Paulo, Companhia das Letras, 1991, p. 24.

[33] Isaiah Berlin, *Quatro Ensaios sobre a Liberdade*. Brasília, Editora Universidade de Brasília, 1981, p. 146.

fortemente influenciada pelo pensamento dos *philosophes*, principalmente Rousseau.[34, 35] Venturi afirma que "as sementes da utopia eram numerosas nos anos em que estavam nascendo os dois primeiros volumes do grande dicionário, e em que Jean-Jacques estava meditando sobre os dois discursos",[36] e sentencia que "em cada grupo de *philosophes* é difícil não encontrar pelo menos um que não tenha uma simpatia secreta por um mundo em que não tenha nunca existido ou em que tenha sido abolida a fatal distinção do teu e do meu".[37] Alexandre Deleyre, um dos mais jovens dentre eles, na eclosão da Revolução, afirmaria que

> a liberdade vem bater às portas dos túmulos... Montesquieu, Voltaire, Rousseau, Diderot aparecem... Eis aí os dias da regeneração por vós previstos e preparados, luzes da França e do mundo... Vejais esses milhares de homens, armados todos juntos, como num único dia, para defender essa liberdade que eles para vós conquistaram sem mesmo conhecer-vos... Benditos sejais por esse milagre único na história do mundo.[38]

O próprio Robespierre, um dos líderes que coloca em prática a utopia de um programa político sobre a vida das pessoas, reconhece

---

[34] Himmelfarb descreve as homenagens feitas a Rousseau durante o período revolucionário, as honras de Estado no transporte de seu corpo para o Panteão, e a adoração ao seu *Contrato Social*. Gertrude Himmelfarb, *Os Caminhos para a Modernidade: Os iluminismos britânico, francês e americano*. Trad. Gabriel Ferreira da Silva. São Paulo, É Realizações, 2011, p. 232.

[35] Lord Acton chama Rousseau de "o pai dos jacobinos", e mesmo Modesto Florenzano, simpático ao período jacobino, reconhece que o "jacobinismo, seu ideal político, inspirado em Rousseau, era o da República Una e Indivisível (...)". John Emerich Edward Dalberg Acton, *Ensaios: Uma antologia*. Rio de janeiro, Topbooks, 2014, p. 470; Modesto Florenzano, *As Revoluções Burguesas*. São Paulo, Editora Brasiliense, 1981, p. 62.

[36] Franco Venturi, *Utopia e Reforma no Iluminismo*. Bauru, Edusc, 2003, p. 183.

[37] Ibidem, idem.

[38] Deleyre foi ativo participante da *Encyclopédie*, e fez parte do grupo de *philosophes*; posteriormente, associou-se aos jacobinos e teve voto favorável à execução de Luís XVI. Franco Venturi, *Utopia e Reforma no Iluminismo*. Bauru, Edusc, 2003, p. 160-61.

a influência de Jean-Jacques Rousseau, ao dizer que "se ele tivesse testemunhado esta revolução da qual foi o precursor e que o carregou ao Panteão, quem poderia duvidar que sua alma generosa teria abraçado com arrebatamento a causa da justiça e da igualdade?".[39] Naturalmente, não se pretende atribuir os horrores da Revolução a Rousseau ou a qualquer outro *philosophe*, mas sua influência sobre os rumos ideológicos das tensões que precedem e prosseguem aos acontecimentos de 1789 seria decisiva. Em primeiro lugar, desde o racionalismo nascente do século XVII até o limiar da Revolução, o uso da razão "substituía a experiência concreta, cotidiana, a política prática e as existências individuais por uma humanidade universal, absoluta e mítica".[40] A substituição na Assembleia Geral de políticos experientes por uma burguesia cada vez mais adepta dos princípios dos *homme de lettres* e sua "política literária", completamente idealizada, será a oportunidade de as teorias dos *philosophes* serem colocadas em prática: a esse momento, Alexis de Tocqueville dedica, em sua obra *O Antigo Regime e a Revolução* (1856), o capítulo "Como, em meados do século XVIII, os literatos tornaram-se os principais homens políticos do país, e dos efeitos que disso resultaram". Aqui, Tocqueville afirma que, embora a França fosse o país mais erudito da época, seus literatos nunca haviam ocupado cargos de gestão no governo; mesmo assim, eram homens influentes a respeito do que se pensava em matéria de política e, à época, "todos pensam que convém substituir por regras simples e elementares, buscadas na razão e na lei natural, os costumes complicados e tradicionais que regem a sociedade de seu tempo".[41] Esses princípios e ideias, continua

---

[39] Gertrude Himmelfarb, *Os Caminhos para a Modernidade: Os iluminismos britânico, francês e americano*. Trad. Gabriel Ferreira da Silva. São Paulo, É Realizações, 2011, p. 236.

[40] Roger Chartier, *Origens Culturais da Revolução Francesa*. São Paulo, Editora Unesp, 2009, p. 35.

[41] Alexis de Tocqueville, *O Antigo Regime e a Revolução*. São Paulo, Martins Fontes, 2009, p. 154.

Tocqueville, seriam propagados e, "em vez de deter-se (...) na cabeça de alguns filósofos, descera até a multidão e ali assumira a consistência e o calor de uma paixão política, de forma tal que teorias gerais e abstratas sobre a natureza das sociedades passassem a ser assunto das conversas cotidianas".[42]

Os ideais utópicos de uma sociedade que, abstratamente, parecia perfeita eram comuns aos franceses antes da erupção da Revolução, enquanto seus criadores se tornavam cada vez mais influentes nas decisões e na administração públicas. As decisões equivocadas do governo revolucionário foram denunciadas por Edmund Burke em suas *Reflexões sobre a Revolução na França* (1790) nos seguintes termos:

> Os senhores formulam proposições metafísicas que inferem consequências universais, e então tentam limitar a lógica do despotismo. Os líderes do atual sistema falam-lhes de seus direitos, como homens, de tomar fortalezas, matar guardas e capturar reis, sem a menor aparência de autoridade mesmo da assembleia, enquanto (...) esses líderes têm a presunção de ordem que saiam as tropas, que agiram nesses distúrbios mesmos, para coagir os que julgarão os princípios, e seguirão os exemplos, que foram garantidos por sua própria aprovação![43]

Sobre os comentários de Burke, Coutinho afirma que

> A Revolução lançava-se na busca de uma perfeição terrena por meios exclusivamente humanos; tratava-se, conforme ele a designou, de uma 'revolução filosófica', em que os revolucionários, alicerçados em doutrinas políticas abstratas sobre os 'direitos do homem', encaravam a comunidade como se esta fosse uma *carte blanche* para as suas visões de perfeição. (...) quando está em

---

[42] Ibidem, p. 154-55.

[43] Edmund Burke, *Reflexões sobre a Revolução na França*. Rio de Janeiro, Topbooks, 2012, p. 441.

causa a perfeição da humanidade, faz parte do processo revolucionário não questionar a desmesura dos mesmos e a ferocidade com que eles são aplicados.[44]

Para Berlin, o conhecimento da administração pública e das relações políticas é de tal modo arraigado à experiência e ao trato com circunstâncias reais que, muitas vezes, não pode ser descrito, tampouco encerrado em um compêndio sobre a prática política, tido como definitivo para explicar e orientar os atos políticos, as negociações, tratativas e decisões. Em geral, a prática política, a astúcia das negociações e a experiência que orienta a tomada de decisão não podem nem mesmo ser explicadas. Por isso, Berlin acusa os racionalistas do século XVIII de se desligarem da vida real, pois, ao criarem teorias cada vez mais abstratas, tanto mais se distanciaram das pessoas, de seu modo de vida, de suas verdadeiras necessidades e da imprevisibilidade de suas decisões. Dessa maneira, Berlin afirma que, quando os projetos utópicos colocados em prática ruem, "quanto menos a aplicação dessas fórmulas produz os resultados esperados, mais exasperados ficam os teóricos".[45]

Conforme escreveu Berlin, ao defender o "sentido de realidade" que deve presidir à atuação política – essa capacidade para entender a realidade tal como ela é e não como deveria ser à luz dos nossos projetos, desejos ou sentimentos particulares –, o estadista "realista" não surge perante a comunidade "possuído pelo seu brilhante e coerente sonho" e interessado em submeter todos a esse sonho, que para muitos poderá transfigurar-se em pesadelo. De um estadista espera-se, antes, que ele seja capaz de captar as "permanentes mutáveis cores dos acontecimentos e os sentimentos

---

[44] João Pereira Coutinho, *As Ideias Conservadoras Explicadas a Revolucionários e Reacionários.* São Paulo, Três Estrelas, 2014, p. 30.

[45] Isaiah Berlin, *O Sentido de Realidade.* Rio de Janeiro, Civilização Brasileira, 1999, p. 54.

e as atividades humanas": é essa capacidade para valorizar a singularidade que determinará a natureza singular da sua ação.[46]

Mesmo durante e após a Revolução Francesa, uma série de pensadores propôs teorias para uma sociedade mais justa e perfeita. Berlin afirma com alguma ironia que "não houve período comparável ao final do século XVIII e começo do século XIX, no que respeita à extraordinária quantidade de Messias megalomaníacos".[47] Com a execução de Babeuf, a força ideológica que influenciou na eclosão da Revolução via seu fim; contudo, novas teorias utópicas foram surgindo. Saint-Simon e sua teoria de evolução das eras, do avanço tecnológico como locomotiva da história, do governo das elites pensantes, chegou mesmo a ter um culto baseado em suas doutrinas (o mesmo ocorreu com um de seus discípulos, Auguste Comte, cujo positivismo construiu templos e que, assim como Saint-Simon, ensinava as virtudes da ciência e pensava poder encontrar uma explicação racional para os fenômenos naturais e sociais, à semelhança do pensamento do século XVIII). Jean-Baptiste Fourier e Robert Owen sugeriram sociedades separadas, menores, pois, na esteira de Rousseau, criam que as instituições haviam deteriorado os homens que eram, em princípio, bons. Para Owen, que chegou a criar sociedades comunistas na Escócia, na Irlanda, na Inglaterra e nos Estados Unidos, bastava que se ensinasse aos homens a correta educação "para que fosse possível torná-los – com 'precisão matemática', asseverava Owen – universalmente bons e felizes".[48] Com a falência de todas as suas comunidades, associou-se a sindicatos e organizações de trabalhadores. Outros, como Enfantin e Comte, também foram influentes no pensamento do começo do

---

[46] João Pereira Coutinho, *As Ideias Conservadoras Explicadas a Revolucionários e Reacionários*. São Paulo, Três Estrelas, 2014, p. 45.

[47] Isaiah Berlin, *Rousseau e Outros Cinco Inimigos da Liberdade*. Lisboa, Gradiva, 2005, p. 137.

[48] Edmund Wilson, *Rumo à Estação Finlândia: Escritores e atores da história*. São Paulo, Companhia das Letras, 2006, p. 112.

século XIX, propondo reformas sociais de viés comunista. Para Venturi, o pensamento utópico do século das luzes foi fundamental no desenvolvimento dos conceitos de ideal político no século seguinte:

> A utopia tradicional alarga-se então e se transforma sob o impulso dessa vontade iluminista de realizar o paraíso na Terra, de criar uma sociedade humana completa, igualitária e livre (...) uma regra comunitária que valesse para todos, de resolver finalmente, nas coisas e não somente no pensamento, "o enigma metafísico e moral" (...). A história da passagem da utopia ao ideal, do sonho individual ao movimento político comunista é certamente cheia de interesse. Toda a idade das Luzes não é compreensível sem esse elemento, que parece às vezes marginal, mas que na realidade é um dos resultados mais irreversível, imutável e duradouro que o século XVIII transmitiu ao XIX (...). Depois da metade do Setecentos, a ideia de que a abolição da propriedade pudesse mudar as próprias bases da convivência humana, abolir toda moral tradicional, toda política do passado não mais desaparecerá dos espíritos dos contemporâneos.[49]

Esses teóricos do século XIX teriam influência decisiva sobre o pensamento social e político de Karl Marx (chamados por ele e por Engels de "socialistas utópicos").[50] Entretanto, sua visão filosófica da história seria formada na leitura de Hegel, e sua teoria a respeito do "Espírito" que rege os rumos que a humanidade assume, ou seja, a

[49] Franco Venturi, *Utopia e Reforma no Iluminismo*. Bauru, Edusc, 2003, p. 185.

[50] Marx e Engels afirmam no *Manifesto* que os chamados "socialistas utópicos" ainda não contavam com uma noção de luta de classes, não eram atentos "às demandas do proletariado", esperando resolver a situação de todos, e não somente a dos trabalhadores, e, portanto estavam mais preocupados em colocar suas sociedades utópicas em prática do que engajados em uma ação revolucionária. Entretanto, sua crítica aos fundamentos da sociedade deveria ser altamente considerada, tais como "a abolição da oposição entre cidade e campo, a abolição da família, do lucro privado, do trabalho assalariado, a proclamação da harmonia social, a transformação do Estado em mero gestor da produção" serviam para a educação dos trabalhadores. In: Karl Marx, *Manifesto do Partido Comunista*. São Paulo, Penguin Classics, 2012, p. 80.

crença de que haveria um processo histórico que não poderia ser parado, a chamada inevitabilidade histórica.

3.1. Inevitabilidade histórica

As sementes do socialismo utópico descrito acima exercerão uma forte influência sobre o socialismo científico de Karl Marx e Friedrich Engels, indubitavelmente, a teoria social mais importante do século XIX. Mas além dos escritos de Saint-Simon e de outros utópicos, Marx será um grande leitor de Hegel, e também este será decisivo no desenvolvimento do marxismo. Se, como vimos, os racionalistas do século XVIII entendiam ser possível encontrar, descobrir ou provar a existência de uma ciência que fosse definitiva para levar os homens ao caminho correto, Hegel propõe que a história se encarregaria naturalmente deste movimento: os rumos que a humanidade segue são inevitáveis, pois são invisivelmente conduzidos pelo "Espírito" (*Geist*), por uma força racional que transforma a história em direção a um clímax final. A razão dos *philosophes*, a capacidade mais poderosa nas mentes dos homens, se transformou, em Hegel, na *Razão*, em um ente praticamente espiritual, universal e absoluto, embora ambas as concepções continuem sendo, para seus criadores, as responsáveis por levar os homens a um desfecho histórico, metafísico ou não.

Uma das preocupações de Berlin a respeito de teorias de inevitabilidade histórica era a de eximir os indivíduos de culpa. Se, além de movidos por uma força impessoal invisível, os indivíduos não pudessem escolher ou tomar outro tipo de decisão, quaisquer crimes ou atrocidades (principalmente de proporções tais que acabam se tornando registros históricos) não poderiam ser imputados a quem os cometeu, estando isentos de culpa ou responsabilidade, uma vez que obedeciam a uma "marcha histórica" inevitável. Em História, a explicação seria uma justificação, pois, identificado o raciocínio ou o movimento que conduz os fatos, bastaria ao historiador explicar, dentro dessa visão, por que as coisas aconteceram como aconteceram. Por isso, conceitos como "nações" ou "civilizações", por mais abstratos que sejam, ainda são, para esses teóricos, mais efetivos e verdadeiros do que os indivíduos reais.

Mas procurar atribuir uma explicação ou um valor moral ou político às ações dos indivíduos, examinando-os um a um, mesmo no âmbito limitado em que esse exame seria possível, é considerado (...) impraticável num sentido mais fundamental – porque as causas "verdadeiras" (ou "mais profundas") do comportamento humano não residem nas circunstâncias específicas de uma vida individual (...).[51]

Ou ainda:

(...) quer se condenem os erros de indivíduos tolos ou da turba cega, ou se aplauda sua inevitável aniquilação, essa atitude se baseia na crença de que a maquinaria da própria história – as forças impessoais da classe, raça, cultura, História, Razão, a Força de Vida, o Progresso, o Espírito da Era – faz com que tudo ocorra como ocorre.[52]

A *Filosofia da História* (1837) de Hegel talvez seja a obra que mais tenha influenciado a ideia de uma marcha histórica invisível. Para ele, ao longo do tempo, a liberdade busca sua autoconsciência, sendo o processo histórico a narrativa dessa busca. Hegel associa o Espírito que rege o mundo com a Providência divina. Tal qual nas Escrituras, compreendeu haver uma teodiceia regida por Deus, dirigindo-se à vontade última da divindade. Peter Singer admite que "uma das crenças centrais de Hegel (...) é a de que a história tem um determinado sentido e

---

[51] Isaiah Berlin. *Estudos sobre a Humanidade: uma Antologia de Ensaios*. São Paulo, Companhia das Letras, 2002, p. 164.
[52] Ibidem, p. 167.

um significado",[53] e que esse sentido é regido pelo Espírito. A maneira como Hegel vê o avanço dos processos históricos é uma verdadeira revolução no modo de pensá-los, sendo que para ele não é possível desvincular a história de seus pressupostos filosóficos.

A dimensão metafísica da filosofia hegeliana da história repousa, em última instância, em sua teleologia, em sua afirmação de que a história do mundo é governada por um único propósito dominante. Em vez de contentar-se com uma descrição fragmentada dos eventos históricos, Hegel pensa que a filosofia da história deve responder a seguinte questão: "qual é o propósito último da história?".[54]

A resposta de Hegel para esta pergunta é a autoconsciência da liberdade, por parte de todos os homens, visto que o seu propósito último é a liberdade de forma não somente subjetiva como também objetiva, ou seja, em uma sociedade governada pela razão, agindo os homens de maneira que sua aceitação e obediência às leis fossem volitivas e racionais ao mesmo tempo: "não haveria restrições à liberdade, pois existiria uma harmonia perfeita entre as livres escolhas dos indivíduos e as necessidades da sociedade como um todo. A ideia de liberdade teria se tornado uma realidade e a história universal atingido sua meta".[55] Para tanto, em cada geração que passa, a consciência de si do Espírito aumenta, bem como sua relação com o mundo é percebida através da história:

> A história da filosofia é a história do crescimento desta autoconsciência em que o Espírito se torna consciente da sua própria atividade; e a história da humanidade, nesta visão, não é ela própria nada mais do que a história do progresso do Espírito nesse

[53] Peter Singer, *Hegel*. São Paulo, Loyola, 2003, p. 22.
[54] Frederick Beiser (Org.), *Hegel*. São Paulo, Ideias & Letras, 2014, p. 340.
[55] Peter Singer, op. cit. p. 37.

processo da sua crescente autoconsciência. Toda a história é, assim, a história do pensamento, isto é, a história da filosofia, que é a mesma coisa que a filosofia da história, visto que não passa de um nome da consciência desta consciência.[56]

Berlin afirma que, para Hegel, a história não deve ser entendida somente como uma relação de fatos, e sim como uma narrativa que necessariamente deveria ter acontecido tal como aconteceu[57] – e isso é enfatizado por ele porque as opiniões, os desejos e as intenções individuais não tomam parte nesta saga, senão a transformação da realidade por meio da influência direta do Espírito nas sociedades. Berlin destaca que os indivíduos como tais são insignificantes diante da correnteza histórica que é colocada em prática através dos povos ou, principalmente, do Estado. Dessa forma, alerta Berlin, sempre veremos a história "com os olhos dos vencedores",[58] e toda brutalidade, toda injustiça e os crimes perpetrados não foram mais do que um capítulo inevitável, necessário (e, portanto, desculpável) na marcha humana pela liberdade, ocorridos no "altar sacrificial" da história. Essa visão se aplica a todos que, tal como Hegel, Marx e outros, acreditavam em forças ou processos que conduzem a humanidade.

Na verdade, a oposição de Berlin ao que ele considerava ser a filosofia de Hegel continuou decisiva durante toda sua carreira intelectual. Berlin se opunha ao que via como as dimensões de teleologia e teodiceia do sistema de Hegel, o que, ele acusava, justificava o que quer que viesse a acontecer como sendo racional e necessário. Hegel, no seu entender, estava no lado dos vencedores e descartava as vítimas; seu pensamento fornecia uma

---

[56] Isaiah Berlin, *Karl Marx*. Lisboa, Edições 70, 2014, p. 76.
[57] Isaiah Berlin, *Rousseau e Outros Cinco Inimigos da Liberdade*. Lisboa, Gradiva, 2005, p. 116.
[58] Ibidem, p. 116.

justificação para a coação e a glorificação da força. Para Berlin, o tipo de historicismo de Hegel parecia partilhar uma das maiores deficiências do progressismo do Iluminismo: uma fé exultante na marcha do progresso que ignorava os seus custos, e uma negação da realidade do sofrimento e da perda que encorajava sua insensível imposição.[59]

Embora Marx critique a filosofia da história hegeliana afirmando que "o historicismo de Hegel resulta em um retrato às avessas da realidade, pois está infectado com a metafísica do Espírito Absoluto",[60] sua proposta de sociedade em constante processo lembrará muito o pensamento de Hegel, ao sustentar uma dinâmica social que, em vez de ser regida pelo Espírito, é transformada através da ação de seus personagens, ou na rebelião de uma classe dominada contra uma outra, dominante, explicitada no famoso início de seu *Manifesto do Partido Comunista* (1848): "Até hoje, a história de toda a sociedade é a história das lutas de classe".[61] De fato, Marx acredita em uma dinâmica – seu materialismo dialético – que transforma a sociedade, mas ela não deve ser aguardada como o movimento de um Espírito Absoluto como Hegel acreditava: deve ser realizada por meio da revolução. Marx continua próximo à ideia de inevitabilidade histórica ao acreditar que as transformações na história ocorrem por meio da luta de classes, sendo essa a sua teoria para a aceleração do processo histórico, *historicamente* inevitável, movido pelas forças e circunstâncias econômicas e sociais. Ambos os pensadores continuaram a defender, a partir da perspectiva berliniana, sistemas utópicos ao suporem que, de uma forma ou de outra, a história conheceria um desfecho final.

---

[59] Isaiah Berlin, *Ideias Políticas na Era Romântica: Ascensão e influência no pensamento moderno*. São Paulo, Companhia das Letras, 2009, p. 51.

[60] Isaiah Berlin, *Karl Marx*. Lisboa, Edições 70, 2014, p. 327.

[61] Karl Marx, *Manifesto do Partido Comunista*. São Paulo, Penguin Classics, 2012, p. 44.

À semelhança do homem hegeliano, o indivíduo em Marx também busca a liberdade, mas não por contemplação ou pelo fim da autoconsciência do Espírito, e sim por meio do trabalho e da supressão das forças que lhe oprimem, tornando-se senhor não só de si mesmo como também das forças que regem os meios produtivos: é por meio do trabalho que o homem evolui e transforma o seu mundo; porém, enquanto não for senhor de si, continuará a obedecer a interesses que não o levam à sua plena satisfação. Os males causados pelo capitalismo cessarão, e a economia, submissa a este,

> será superada com a derrubada do atual estado social, pela revolução comunista (...) e pela abolição da propriedade privada, que lhe é inerente; então a libertação de cada indivíduo em particular se realizará exatamente na medida em que a história se transformar completamente em história mundial.[62]

As transformações históricas, por meio das lutas de classe, precisam de um tempo de maturação para mostrarem-se prontas a galgar o próximo passo, o que se observa, diz Marx, através das "contradições da vida material, dos conflitos entre as forças sociais de produção e as relações de produção".[63] A sociedade burguesa de seu próprio tempo era o estágio final para a derradeira revolução proletária, uma vez que era a proprietária das fábricas, submetia os trabalhadores à sua vontade e acentuava as diferenças e os conflitos entre as classes, agora fomentados e apoiados pelo Partido Comunista. As expectativas que Marx criava a respeito do crescente movimento operário e trabalhista podem ser vistas em uma citação sua, de uma crítica russa à sua obra e seu pensamento, no prefácio à segunda edição de *Das Capital* (1867): "*Marx trata (ou aborda) o movimento social como um processo de história natural, governado não somente por leis*

---

[62] Friedrich Engels; Karl Marx, *A Ideologia Alemã*. São Paulo, Martins Fontes, 2007, p. 34.
[63] Isaiah Berlin, *Karl Marx*. Lisboa, Edições 70, 2014, p. 131.

independentes da vontade, consciência e inteligência humanas, mas ao contrário, determinando essa mesma vontade, consciência e inteligência".[64] Segundo sua visão histórica, as sociedades mais avançadas em termos industriais deveriam ser justamente as primeiras a sucumbir ao governo dos trabalhadores, e era chegada a hora de se fazer jus às leis históricas que regem os movimentos sociais. Sua vitória seria irreversível, e os frutos da revolução beneficiariam toda a humanidade. Na leitura de Isaiah Berlin, Hegel e Marx deram continuidade às utopias sociais do século XVIII, oferecendo teorias da história que não podem ser verificadas, e que na verdade consistiam num sistema filosófico, ou econômico-social, que pretensamente contemplaria a totalidade dos rumos humanos, as verdades acerca de suas vontades, seus deveres e suas escolhas.

3.2. Determinismo

Por outro lado, se todas as atitudes humanas individuais são, de fato, determinadas, quer por uma teleologia histórica, quer por influência natural, a moralidade individual, afirma Berlin, bem como toda forma de linguagem, deveria ser modificada, visto que elogiar ou condenar alguém cuja ação foi tomada de forma involuntária seria algo estúpido; também a moral deveria ser colocada debaixo de novos conceitos e categorias, pois, a partir de uma visão determinista, seria impróprio julgar alguém culpado por ter cometido um delito que, na verdade, era de alguma forma determinado naturalmente, ou era parte integrante de um obscuro plano não discernível momentaneamente aos homens, mas que faz sentido ao se contemplar o todo do qual é uma importante peça.

Segundo tal visão, dizer que coisas ou pessoas existem é dizer que perseguem objetivos; dizer que existem ou são reais, mas

---

[64] Karl Marx, *Capital: a Critique of Political Economy*. Chicago, Charles H. Kerr & Company, 1909, p. 23. Disponível em: http://www.dominiopublico.gov.br/download/texto/0445-01_Bk.pdf. Acesso em: 2 jan. 2017.

que literalmente não possuem um propósito, seja imposto de fora, seja "inerente" ou "inato", é dizer algo que não é falso, mas literalmente contraditório em si mesmo e, portanto, sem significado. A teleologia não é uma teoria, nem uma hipótese, mas uma categoria ou estrutura em função da qual tudo é – ou deve ser – concebido e descrito.[65]

Essa teoria é o que Berlin chama de determinismo, e do qual foi crítico ferrenho, pois entra em choque com suas ideias a respeito de liberdade e iniciativa individual; segundo essa crença, todos os elementos da natureza obedecem a leis que identificam seu comportamento, e isso incluiria os homens. Naturalmente, Berlin reconhece as influências da natureza sobre o homem, como aquelas de natureza psicológica ou biológica, mas o que estaria em jogo com a teoria do determinismo levada às últimas consequências seria a própria noção de liberdade humana: se cada indivíduo age dentro de um campo determinado, tal como todos os outros seres e substâncias naturais, segue-se que a liberdade e a possibilidade de escolha são meras aparências.

O determinismo, na visão de Berlin, está intrinsecamente conectado à ideia de inevitabilidade histórica, sendo praticamente uma consequência lógica desta, e ambas as visões são formas de ataque direto ao livre-arbítrio. Para ele, tanto as aspirações a uma sociedade perfeita, à maneira dos *philosophes*, quanto uma visão restrita de desenvolvimento histórico seriam sérias ameaças à liberdade, principalmente quando colocadas em prática.

Pensar que existe o padrão, o ritmo básico da história – algo que tanto cria como justifica tudo o que existe –, isso é levar o jogo demasiado a sério, ver nele uma chave para a realidade. É certamente comprometer-se com a visão de que a noção da responsabilidade

---

[65] Isaiah Berlin, *Estudos sobre a Humanidade: Uma antologia de ensaios*. São Paulo, Companhia das Letras, 2002, p. 169.

individual é, "no final", uma ilusão. Nenhum esforço, por mais engenhoso, para reinterpretar essa expressão muito atormentada vai restaurar, dentro de um sistema teleológico, seu significado normal para a noção de livre-arbítrio.[66]

Entender a história como uma ciência, de onde se deduz os fatos através de uma teleologia, acaba por desculpar tudo o que ocorreu no decorrer dos séculos. Um futuro holocausto, as guerras com seus massacres e perdas, e todo tipo de escravidão – *ducunt volentem... nolentem trahunt* –,[67] todos foram meras etapas no processo histórico contínuo, ou resultado esperado da influência de forças naturais e, sob o ponto de vista científico, eram inclusive esperados. A crítica de Berlin não se limita somente aos grandes sistemas históricos como os de Hegel e Marx, mas estende-se a todo tipo de leitura que justifica o comportamento como resultado da influência direta da raça, do ambiente, da herança genética, ou mesmo da educação recebida. Dessa maneira, atribuir menor valor ao papel da mulher em uma sociedade, considerando-a destituída de direitos, deve ser entendido como historicamente determinado pela cultura, pela educação e pelos costumes daquela sociedade, transmitidos por gerações: qualquer tipo de agressão será lido dentro desta chave interpretativa, o que, para Berlin, deveria soar absurdo. É importante salientar que Berlin não negou a possível existência de uma lei tal como o determinismo, e sim alertou quanto às consequências de seu uso na vida cotidiana, na mudança dos costumes mais corriqueiros a respeito das livres escolhas humanas: afinal, todas as decisões que tomamos são, de fato, nossas? A forma de julgar o certo e o errado, o justo e o injusto, e a consequente condenação ou absolvição – é para esses dilemas que Berlin chama a atenção. O determinismo é encontrado nas ciências naturais, uma vez que o comportamento da natureza pode ser previsto diante de sua constância,

---

[66] Ibidem, p. 170.

[67] "Conduzem os que querem, e os que não, arrastam", Sêneca.

mas, nesse sentido, aplicá-lo aos homens seria cometer o mesmo erro que os iluministas haviam cometido em relação às leis de Newton.

Marx, como Hegel, entendia que não eram escolhas individuais que conduziam os homens e a sua história, que estes eram conduzidos por seus "verdadeiros interesses" (no caso de Hegel, os interesses do Espírito guiando os homens), quer isso fosse claro a eles, quer não. A respeito de todos os sistemas que creem na inevitabilidade histórica, Berlin afirma que "uma característica comum de todas essas perspectivas é a implicação de que a liberdade de escolha do indivíduo é em última análise uma ilusão".[68] E aqueles que sofrerem ou perecerem durante o processo, o farão por estarem no lado errado e contrário à revolução esperada, portanto são perdas que, de certa forma, eram previstas; sendo assim, é mister que se compreendam as forças que movimentam a história, e que se posicionem no lado certo.

No sistema marxista, o capitalismo e as formas de troca que regem o sistema econômico são entendidos como criações não naturais (embora sejam necessários para o processo histórico iminente), e tampouco coadunam com os reais desejos humanos; mas são aceitos como tais, e acabaram por alienar os homens de seus verdadeiros interesses. As relações entre proletários e burgueses são consideradas por ambos como ordem imutável (o que Marx chamou de *ideologia*), apesar de não serem, e todos acabam por viver uma vida incompleta; a maioria, além de viver uma ilusão, sofre com os revezes da injusta relação trabalhista. Dessa forma, burguesia e proletariado estão em completo estado de alienação, ou seja, inconscientes e distantes dos fins que todos os homens deveriam buscar, longe da essência humana. O homem alienado, em Marx, é semelhante ao homem de Rousseau que ainda não conhece seu verdadeiro "eu": ser consciente de sua verdadeira vontade e viver de modo a obedecê-la é o que torna o homem livre, e é essa liberdade, sujeita a um eu enevoado, por ser descoberto, que Isaiah Berlin chamará de liberdade positiva.

[68] Isaiah Berlin, *Estudos sobre a Humanidade: Uma antologia de ensaios*. São Paulo, Companhia das Letras, 2002, p. 173.

3.3. Liberdade positiva

Isaiah Berlin reconhecia que a palavra *liberdade* detém inúmeras interpretações, mas acreditava que, em virtude dos acontecimentos dos últimos três séculos, todas elas poderiam ser tratadas por meio de duas abordagens, a saber, a liberdade positiva e a liberdade negativa. Em paralelo, propunha que as questões realmente prementes da filosofia política eram "até que ponto devo ser governado, e por quem?", ou "qual o limite de interferência na vida privada, quer seja pelo Estado, quer seja por outras pessoas?". Até aqui, verificamos como alguns dos grandes pensadores dos últimos séculos compreenderam, ou conjecturaram, de que maneira as sociedades deveriam ser estabelecidas, quais regras políticas deveriam observar ou qual padrão histórico deveriam seguir para que alcançassem seu estágio final, e chegassem enfim a uma era de harmonia. A obediência a estas verdades traria liberdade a todos os homens, e mostraria, de fato, qual era a sua verdadeira vontade, caso se despissem de todo interesse enviesado pelas sociedades corruptas, ou por atitudes mesquinhas, interesses egoístas; em suma, uma vez libertos de toda ignorância e ilusão, os homens seriam definitiva e verdadeiramente livres. Segundo Berlin, quando o indivíduo deseja ser senhor de si, não submeter-se à influência ou ao domínio de alguém, mas tão somente a si mesmo, ele reconhece que existem ainda alguns obstáculos a serem ultrapassados: por exemplo, as paixões ou as reações naturais de um homem diante de uma determinada situação, que ainda podem escravizá-lo por meio dos desejos, ou ímpetos. Para vencê-los, é necessário refrear essas paixões e agir de maneira racional, alicerçado não no ego passional, e sim no verdadeiro eu de uma pessoa, que deseja aquilo que é mais nobre, superior e racional. Para Berlin, a liberdade positiva pode ser resumida como a *liberdade para*, ou seja, sou livre a fim de um resultado específico, uma conclusão esperada, e, portanto, responde a pergunta "por quem devo ser governado?", cuja resposta, em princípio, seria "por si mesmo" – sendo por isso chamada "positiva", pois a decisão pertence integralmente ao agente.

Essa crença de que há uma vontade ilibada dentro de cada ser humano, um "eu" interior que é perfeitamente bom e perfeitamente moral e que a inclinação a ele faz com que o homem se encontre consigo mesmo é o primeiro elemento do que Berlin chamaria de liberdade positiva. Ele pondera que está implícito no conceito de liberdade positiva o reconhecimento deste "ego dominante", ou da "natureza superior", que recusa quaisquer desejos ou vontades em nome de um bem maior, que permeia não só o indivíduo, e que geralmente está conectado com algo mais amplo, tal como "uma tribo, uma raça, uma igreja, um Estado": esse eu superior é o mesmo em todos, e deve direcionar todos os homens para um bem último, um coletivismo tal que proporcione e proteja os interesses homogêneos de todos, e não as vontades e os vícios de alguns poucos indivíduos.

Segundo Berlin, na visão positiva, seja socrática ou estoica, spinozista ou kantiana, hegeliana ou fichtiana, a liberdade não consiste em escolha, mas em obediência à vontade racional. Enquanto a escolha pressupõe rivalidade genuína entre bens conflitantes, a vontade racional aponta para um – e somente um – curso de ação, uma forma de vida, para o indivíduo. Além do mais, em Platão, como em Sócrates e Aristóteles, a vontade racional de cada pessoa é a mesma das demais pessoas. Por isso, assim como existe para cada agente uma forma de vida que é unicamente racional para ele, todo agente convergirá nessa forma de vida, pois é a mesma para todos.[69]

Essa ideia nos conduz desde Platão e sua instrução de ordem racional em busca das verdades, passando pelas doutrinas religiosas que levariam os homens ao caminho verdadeiro, até o racionalismo dos modernos e dos iluministas, que acreditavam que, se os estudos humanos poderiam identificar leis no comportamento dos homens

---

[69] John Gray, *Isaiah Berlin*. Rio de Janeiro, Difel, 2000, p. 33.

semelhantes às das ciências naturais, cujas doutrinas, teorias e dogmas seriam competentes para explicar todas as nuances das reações humanas – e se essas doutrinas, uma vez conhecidas, indicariam o caminho que a história imprescindivelmente segue –, então deduziram que esses fundamentos deveriam ser seguidos. Mais: um indivíduo apenas se sentirá livre quando, racional e voluntariamente, aderir a este racionalismo histórico, compreendendo assim seu papel na sociedade – e encontrando o seu verdadeiro "eu". Um monge, por exemplo, que perseguisse o ideal cristão de vida, entendendo que a fé cristã é o guia que a história segue, a verdade final a respeito da vida dos homens, recusando todas as outras possibilidades e eventuais liberdades que se pudesse viver, e, portanto obedecesse aos Evangelhos piamente, seria um exemplo de liberdade positiva, embora esboçasse um tipo de vida aceitável e até necessário para a sociedade; o que não se poderia dizer a respeito de um tipo semelhante de religioso, diz Berlin, é que ele tenha ampliado sua liberdade política tal como a entendemos. Tampouco haveria ampliação da liberdade em casos de recusa às coisas do mundo, tal como um reconhecimento de que aquilo que não pode ser obtido também não deveria ser desejado, ou que a extinção de desejos levaria à mais plena liberdade, ou que a ausência de amor limitaria alguém de ser coagido ou ameaçado (uma espécie de estoicismo). Berlin não era contrário à ideia de que a liberdade positiva fosse compreendida como uma forma de liberdade: a autonomia sempre foi apreciada na história como um valor reconhecidamente bom. O temor de Berlin quanto à liberdade positiva, no entanto, ocorre em dois momentos distintos: primeiro, quando esta busca por um ideal, conduz os homens para somente uma opção, uma vontade, uma resposta; e, em segundo lugar, quando uma doutrina política se considera final e libertadora, sendo imposta aos cidadãos por meio da força. É aqui que a história das ideias de Berlin, que inicia com as propostas dos *philosophes*, termina com o cerceamento de liberdades que seria visto no século XX, tendo Rousseau como seu principal arauto.

A ideia rousseauniana de vontade geral é muito semelhante à liberdade positiva de Berlin. Os conceitos de uma vontade genuína e altruísta, em contraste com as tendências passionais do homem, ligadas à busca por uma sociedade perfeita em que todos pensam e desejam o mesmo, ou seja, o melhor para todos, se encontra em ambas as teorias.

E aquilo que Berlin temia, o uso de uma teoria social perfeita que justificasse a submissão forçada de indivíduos em nome da pretensa liberdade, já estava presente em Rousseau: posto que sua sociedade tem o indivíduo esmagado em nome do coletivo, e o Estado é uma representação de suas verdadeiras vontades, torna-se razoável "declarar que, quando um homem não se adequar à vontade geral, será possível 'obrigá-lo a ser livre'. Forçando-o a aderir à vontade geral, nós o reconduzimos ao seu eu verdadeiro e à sua vontade real, logo, à sua verdadeira liberdade".[70]

De Robespierre e Babeuf a Marx e Sorel, Lênin, Mussolini e Hitler e seus sucessores, esse paradoxo grotesco e arrepiante, pelo qual se diz a um homem que ser privado da liberdade é receber uma liberdade mais elevada, mais nobre, tem desempenhado um papel central nas grandes revoluções de nosso tempo. Por sua forma moderna, o autor do *Contrato Social* pode certamente reivindicar todo o crédito. Essa monstruosa farsa política traz a marca de sua origem: um plano lógico rígido imposto violentamente a uma versão tresloucada da noção de liberdade moral; a proclamação de um reino de liberdade tão absoluto e universal que mantém todo o mundo em toda parte acorrentado; acrescentando-se que essa opressão severa é o que todos os homens livres desejariam se de fato soubessem como realizar a liberdade que eles tão verdadeiramente desejam.[71]

---

[70] Rolf Kuntz, *Fundamentos da Teoria Política de Rousseau*. São Paulo, Barcarolla, 2012, p. 127.

[71] Isaiah Berlin, *Ideias Políticas na Era Romântica: Ascensão e influência no pensamento moderno*. São Paulo, Companhia das Letras, 2009, p. 204.

Para Berlin, desde a Grécia antiga até os últimos idealistas políticos, houve uma tentativa de associar a liberdade à razão, o que acabou por gerar somente uma resposta correta para a conduta humana, ao que ele chamaria de *monismo*, a fé em um único sistema de verdades, que pode ser descoberto e aplicado: um pensador monista afirmaria que, se a razão nos dirige para a verdade acerca da sociedade, da vida e sobre nós mesmos, por que continuarmos a buscar em lugares já visitados e que falharam, ou testar novas opiniões? As respostas estariam em um mundo de ideias, na disposição ideal da sociedade, ou mesmo entre pessoas simples em sua vida campesina – as fontes são variadas, mas a ideia central permanece a mesma, desde os gregos; e em comum ainda contavam com a identificação de um inimigo a se combater: a ignorância, a sociedade e seus vícios, os judeus, ou o capitalismo. Contrariando essa busca milenar no pensamento ocidental, o radicalismo no pensamento de Berlin será visto na sua crença de que os homens desejam coisas completamente diferentes, e podem se satisfazer por meios que seriam considerados irracionais diante da mentalidade filosófica tradicional – mesmo que seus desejos sejam, muitas vezes, incompatíveis.

Berlin chama a atenção para o fato de que, no século XX, as ideologias políticas influenciaram a vida dos homens como em nenhum outro momento da história; neste mesmo século XX, as teorias sociais, ou os programas de sociedade ideal, foram colocados em prática pelo socialismo soviético e pelo nazifascismo. A liberdade positiva aqui não foi uma iniciativa do indivíduo, mas uma imposição considerada como verdade, propagandeada por um lado, mas tornada obrigatória por outro. De certa forma, seguindo a história das ideias de Berlin, é como se a Siracusa de Platão fosse, enfim, colocada em prática, e suas teorias a respeito do Estado e do papel dos homens fossem impostas, finalmente, como verdade ideal trazida pelo legislador, único capaz de alcançá-las e interpretá-las de forma competente; o que se viu, entretanto, foi um violento estabelecimento de regras políticas e sociais, extrema alienação popular, instrumentalização do medo e, não raro, massacres.

Para voltarmos aos enciclopedistas e aos marxistas e a todos os outros movimentos cujo objetivo é a vida perfeita, dir-se-ia que a doutrina segundo a qual se justificam crueldades monstruosas de toda a espécie, porque de outro modo a condição ideal não poderá ser atingida – todos os argumentos que falam de partir os ovos invocando a omeleta que se trata de fazer, todas as brutalidades, os sacrifícios, as lavagens ao cérebro, todas as revoluções, tudo o que tornou este século talvez o mais pavoroso desde os primórdios da humanidade, pelo menos no Ocidente –, dir-se-ia, pois, que nada disso tem sentido, uma vez que o universo perfeito é não só inalcançável, mas também inconcebível, e que tudo o que se faça visando realizá-lo assenta numa enorme falácia intelectual.[72]

Berlin chega a dizer, diante de todas as desgraças resultantes de ideais filosóficos e políticos, que a produção de um professor, ou de um intelectual, deveria sempre ser acompanhada por outros pensadores, que avaliassem as consequências práticas de tais obras;[73] para ele, a linha ideológica leva necessariamente à prática brutal dos regimes

[72] Isaiah Berlin, *O Poder das Ideias*. Lisboa, Relógio D'Água Editores, 2006, p. 45.

[73] A orientação vem como um alerta diante das consequências de alguns dos escritos e teorias sociais sobre decisões políticas, e de certa forma foi o papel que o próprio Berlin atribuiu a si mesmo: "Há mais de cem anos, o poeta alemão Heine advertiu os franceses a não subestimarem o poder das ideias: os conceitos filosóficos alimentados na tranquilidade do gabinete de um professor poderiam destruir uma civilização. Citou ele a *Crítica da Razão Pura*, de Kant, como a espada com que fora decapitado o teísmo europeu, e descreveu as obras de Rousseau como a arma ensanguentada que, em mãos de Robespierre, destruíra o antigo regime; e profetizou que a crença romântica de Fichte e Schelling um dia – e com terríveis consequências – se voltaria, através de seus fanáticos adeptos alemães, contra a cultura liberal do Ocidente. Os fatos não têm ocultado inteiramente essa predição; mas, se os professores podem realmente dispor do controle desse poder fatal, não seria provável que apenas outros professores, ou, pelo menos, outros pensadores (e não Governos ou comissões legislativas) pudessem, sozinhos, desarmá-los?". Isaiah Berlin, *Quatro Ensaios sobre a Liberdade*. Brasília, Editora Universidade de Brasília, 1981, p. 134.

totalitários. "Se lermos Marx", diz Berlin, "a continuidade nele e entre ele e Plekhanov, Lênin e Stálin é perfeitamente evidente".[74] O impacto após a Segunda Guerra foi a descrença a respeito de ideologias em geral, e grandes pensadores como Adorno, Horkheimer, Arendt, Popper, Milosz e outros trataram de pensar o que havia ocorrido, ou de onde teriam surgido tais aberrações ideológicas. Para Isaiah Berlin, entretanto, todos os riscos decorrem de uma visão estreita de vida, de história e de política, o que ele chamou de monismo.

4. MONISMO

Na obra *Russian Thinkers*, Berlin retoma uma frase do pensador grego Arquíloco – *"a raposa sabe muitas coisas, mas o porco-espinho sabe uma muito importante"*[75] – para ilustrar o que pensava a respeito de Tolstoi, mas que também era sua avaliação sobre inúmeros pensadores que, como o ouriço de Arquíloco, acreditavam genuinamente em um sistema único e complexo de ideias que fosse suficiente para explicar toda a diversidade do universo: são por isso também chamados de monistas. Já as raposas, por entenderem que os valores e fins são muitos, aceitam que essa diversidade de princípios não pode ser confinada a um só modo de pensamento – e assim são consideradas, por Berlin, como pluralistas. Platão, Marx, Pascal e Hegel seriam exemplos de porcos-espinhos, e Shakespeare, Maquiavel, Montaigne, Vico, Herder, Herzen e Hamann (e o próprio Berlin) seriam raposas.

O problema visto por Berlin nesse tipo de abordagem monista (como um conjunto único de valores que deve ser perseguido) é que, em primeiro lugar, limita a visão do homem a respeito de si mesmo, posto que a realidade demonstra que diversos fins podem ser desejáveis,

---

[74] Ramin Jahanbegloo, *Isaiah Berlin: com Toda Liberdade*. São Paulo, Perspectiva, 1996, p. 159. Ainda na entrevista concedida a Jahanbegloo, entretanto, Berlin afirma que "não se deveria jamais culpar as pessoas por aquilo que suas opiniões possam um dia acarretar". Ibidem, p. 99.

[75] "*The Fox Knows Many Things, but the Hedgehog Knows One Big Thing*". Isaiah Berlin, *Russian Thinkers*. London, Penguin Books, 2013, p. 24.

ainda que não sejam necessariamente aprovados como éticos ou coerentes, por exemplo, a partir de um determinado conjunto de valores estabelecidos como "corretos". Se, como exemplo, é dada exclusiva atenção à ética aristotélica, buscando aplicá-la em busca de sublimação, à ética kantiana ou a uma doutrina religiosa ou um programa político, todos os outros conjuntos de valores serão descartados como falsos, e qualquer diversidade cultural, moral e social será rechaçada como espúria ou, no mínimo, indesejável ou inútil na busca de uma vida correta; também a sucessão de modelos – sistemas – de verdade absoluta na história da filosofia, e a consequente incompatibilidade entre eles, apontava para Berlin que a procura pela resposta final era estéril.

Por outro lado, o monismo também pode ser identificado, como vimos, nas crenças na inevitabilidade histórica, ou em uma forma correta de disposição social à qual os homens devem se submeter em busca da verdade a respeito de si mesmos.

Na implicação desta visão para a prática política, Berlin encontra as características mais questionáveis e perigosas da liberdade positiva. Pois se a liberdade genuína é a oportunidade de perseguir o bem, se todos os bens verdadeiros são compatíveis uns com os outros e são realmente os mesmos para todas as pessoas, então uma comunidade de pessoas verdadeiramente livres seria despojada de conflito significativo de valores, ideais ou interesses, um harmonioso conjunto de idênticas vontades reais ou racionais (...).
É um conceito perigosamente não liberal, pois sua implicação é que todo conflito moral, social ou político é sintoma de imoralidade ou irracionalidade ou, no mínimo, de erro.[76]

Embora sejam bastante diferentes, as propostas de Rousseau e Hegel se tocam ao apresentarem uma verdade que está acima do próprio homem, que é um fim em si mesmo, mais elevado do que

---

[76] John Gray, *Isaiah Berlin*. Rio de Janeiro, Difel, 2000, p. 34.

qualquer outra coisa que se possa desejar, à qual, portanto, todos devem se sujeitar. Marx mantém em seus escritos a valorização do coletivo sobre o indivíduo, a dialética inexorável da história e as expectativas e consequências esperadas de sua aceleração e da apresentação das condições ideais para a revolução. Por todas elas perpassam os conceitos de uma sociedade instrumentalizada pela razão (como quer que fosse compreendida), e a liberdade como obediência a valores absolutos que prescreveriam o comportamento ideal para todos os seres humanos, distinto e mais nobre do que qualquer caminho que um indivíduo pudesse querer tomar.

Grandes homens viveram vidas e advogaram valores que muitos poderiam considerar questionáveis, até reprováveis, mas não deixaram de contribuir de alguma maneira para a riqueza de conquistas, avanços, pontos de vista, quando não estimularam outros a seguirem seus exemplos. Isaiah Berlin entende que qualquer forma de encerrar em um único sistema, ou crença, a expectativa por felicidade, quer seja aplicada à força ou meramente defendida como verdade corresponderia a privar os homens de buscarem viver como desejassem, em nome de uma utopia, uma vez que nenhuma das teorias monistas (ou, como Berlin as chamava, "falácias Jônicas", em referência aos gregos como os primeiros a proporem um conjunto de verdades definitivo) resistiriam ao teste da vida real. Em contraste a todas essas perspectivas monistas da história e da ética, Berlin fará uma abordagem radical da liberdade individual.

2. PLURALISMO DE VALORES

1. NATUREZA HUMANA

"Criar aquilo no que penso e acredito."

Johann Gottfried von Herder

"Olhar para o fim e não para a ação em si é um erro cardeal."

Alexander Herzen

Todas as críticas formuladas por Berlin vistas até aqui poderiam ser resumidas em sua rejeição a uma visão monista de pensamento, ou seja, à adoção de uma única e exclusiva forma de compreensão a respeito de determinado campo de conhecimento (ou o resumo de todos os conhecimentos oriundo de uma única e exclusiva origem), principalmente aqueles relacionados à ética e à política. Todos os pensadores considerados monistas por Berlin apresentavam implicitamente uma ideia de natureza humana inalterável, e que, universalmente, buscava sempre as mesmas coisas – a vontade geral, para Rousseau, a realização no trabalho, para Marx, a conclusão histórica do Espírito, para Hegel, etc. – ou tinha um comportamento e intenções previsíveis. Para Berlin, entretanto, a natureza humana não se limitava a um padrão comum, mas estava em constante transformação, transformação esta realizada pelo próprio homem, e somente determinada em alguns pontos.

As ações políticas de inspiração totalitária indubitavelmente partem desse postulado ideológico: de que a própria verdade não só é desejável como deve ser inevitavelmente realizada por meio de ações intransigentes e inegociáveis. Há, nesse ponto, como explicou Berlin (...) certamente uma falta de entendimento sobre o que é o ser humano – um ente limitado, finito, imperfeito e inconsistente.[1]

Valores enaltecidos por uma cultura podem não ser tão desejados, ou colocados em primazia, por outra cultura, ou por indivíduos, que podem desejar fins completamente diferentes uns dos outros – fazendo com que Berlin rejeite as visões de uma natureza humana definida.

Por outro lado, preocupado com as noções de liberdade e o uso da força para levar os homens a pretensas liberdades, Berlin afirma que

concepções de liberdade se originam diretamente de opiniões sobre o que constitui um ego, uma pessoa, um homem. Podem-se fazer manipulações com a definição de homem e de liberdade com o objetivo de que venha a significar aquilo que o manipulador deseja.[2]

Para Berlin, a noção de natureza humana deveria sempre considerar as capacidades criativas e a constante mudança de intenções, desejos e comportamentos; as necessidades básicas tais como alimento, bebida, moradia, companhia, comércio e segurança são as necessidades e condições em comum que permitem uma comunicação entre todos os homens, por serem próprias a todos eles. Ainda, valores como justiça, verdade e bondade são encontrados em todas as sociedades, e podem ser reputados comuns por serem, pela experiência e verificação que se tem dessas sociedades, apreciados em todas elas: aqui está o campo determinado da natureza humana,

---

[1] Francisco Razzo, *A Imaginação Totalitária: os Perigos da Política como Esperança*. Rio de Janeiro, Record, 2016, p. 141.

[2] Isaiah Berlin, *Quatro Ensaios sobre a Liberdade*. Brasília, Editora Universidade de Brasília, 1981, p. 144-45.

segundo Berlin. Entretanto, a natureza humana não poderia ser limitada somente à sua face imutável de necessidades comuns, pois suas intenções, seus desejos, suas ambições, seus conhecimentos e valores estão em constante transformação, colocando o homem como criador de sua própria natureza: sua capacidade de escolha é que delibera a respeito do que o homem entende, ao longo do tempo, como seus valores mais ou menos importantes. Berlin, com seu *background* extremamente arraigado ao empirismo inglês, rejeita quaisquer valores concebidos como revelados, de origem religiosa, uma lei natural,[3] ou descobertos por um líder, ou visionário, filósofo ou de origem diversa, que não se aplique ao que é ordinário na história humana de forma universal: todos os valores humanos, embora possam ser identificados em culturas e sociedades completamente diferentes, são unicamente produções humanas, criadas de acordo com suas próprias necessidades.

Por natureza humana, Berlin não preconiza sejam entendidas quaisquer paixões ou necessidades humanas invariáveis. Em vez disso, considera a capacidade de escolha – e de uma forma de vida autodeterminada – como ela própria, característica essencial de seres humanos: distingue-as de outras espécies animais, introduzindo um elemento de indeterminação em sua natureza e conduta que só poderia ser erradicado com a eliminação da capacidade de escolha propriamente dita.[4]

A incapacidade de se tornar perfeito e a tomada de decisões muitas vezes inesperada marcavam os homens em todos os lugares; a expectativa por um homem racional nunca seria realizada, dada a inconstância humana a respeito de seu comportamento, suas vontades e ações.

---

[3] A noção de lei natural em Berlin não é totalmente clara, pois sua defesa da liberdade às vezes parece soar como um direito inalienável. Este é um dos ataques que Berlin recebe de seus críticos, especialmente de Leo Strauss, conforme será descrito no capítulo 3 desta obra.

[4] John Gray, *Isaiah Berlin*. Rio de Janeiro, Difel, 2000, p. 25.

O homem é incapaz de autoperfeição e, portanto, jamais inteiramente previsível; falível, uma combinação complexa de opostos, alguns conciliáveis, outros incapazes de serem resolvidos ou harmonizados; incapaz de interromper a sua busca da verdade, felicidade, novidade, liberdade, mas sem nenhuma garantia (...) de ser capaz de atingi-las; um ser livre e imperfeito capaz de determinar o seu próprio destino em circunstâncias favoráveis ao desenvolvimento de sua razão e de seus dons.[5]

Berlin descreve diversos conceitos a respeito da natureza humana, como os formulados por Locke e os *philosophes*, que haviam rejeitado a visão cristã de pecado original e abraçavam uma esperança quanto aos pendores e aperfeiçoamentos humanos; também a visão de um homem como lobo de si mesmo, no caso de Hobbes; e a opinião de Maistre sobre um homem pecaminoso e caído e, portanto, incontrolável e sujeito à autodestruição sem a intervenção do poderoso braço do Estado. Embora ele não opte por nenhuma delas, ou não demonstre, em suas obras, concordar com alguma dessas visões antagônicas, ele reconhece que, durante a Idade Média, a ideia de um homem ser estudado da mesma maneira que um objeto da natureza era algo inimaginável; mesmo que Berlin não aceite o caráter teológico da questão como entendida pelos medievais, sua rejeição à análise de indivíduos nos mesmos moldes que os elementos naturais era muito semelhante:

> Era o maior e mais grotesco de todos os erros e insultos à origem divina do homem tratá-lo como se fosse um objeto natural, inteiramente determinado em seu comportamento corporal, bem como em seus pensamentos, desejos e vida imaginativa, por forças que podiam ser estudadas pelas ciências naturais.[6]

---

[5] Isaiah Berlin, *Ideias Políticas na Era Romântica: Ascensão e influência no pensamento moderno*. São Paulo, Companhia das Letras, 2009, p. 53.

[6] Ibidem, p. 103.

O que Berlin criticava era a visão de uma natureza humana estática, previsível e imutável ao longo da história, constituindo um possível risco não só ao conhecimento dos homens acerca de si mesmos, mas uma perigosa arma política. Sua crença, entretanto, pautava-se na complexidade da vida humana, por mais conflituosa que possa ser, e defendia que, acima de tudo, era essa mesma existência que deveria ser observada antes da proposição de uma teoria de estudos humanos, ou uma sociedade utópica: Berlin considera o homem real, e, colocando-o em posição de primazia tanto nas ciências humanas quanto nas práticas políticas, acredita haver dignidade em todos esses esforços.

A garantia de que os homens poderiam fazer escolhas por vezes consideradas irracionais, tal como defendiam os românticos, era a base da liberdade negativa advogada por Berlin. Embora considerasse que o pensamento romântico levado ao extremo poderia também levar a exageros e ser nocivo para a vida política (Berlin via no Romantismo as sementes que, mais tarde, levaram ao nazismo, como, por exemplo, o nacionalismo exacerbado), a ideia de haver liberdade para escolhas pessoais deveria restar assegurada. Nesse sentido, Berlin sofreu forte influência de John Stuart Mill (1806-1873), filósofo utilitarista inglês que também era favorável à completa liberdade de pensamento e ação por parte dos homens, acreditando que essa liberdade era fundamental para que cada pessoa, e mesmo a humanidade em geral, pudesse atingir seu máximo grau de progresso. Essa liberdade, segundo Mill, era a segurança, e condição *sine qua non*, para que os homens pudessem explorar suas capacidades, sendo espontâneos e ampliando o conhecimento, proporcionando ocasiões em que se manifestasse o gênio e, sobretudo, garantindo sua liberdade e felicidade;[7] do contrário, argumenta, qualquer tentativa de supressão do indivíduo em nome de ideais coletivos é produzir uma mediocridade coletiva. Contudo,

---

[7] No entanto, Berlin reconhece que mesmo em sociedades fechadas e rígidas, tal como a dos calvinistas puritanos ingleses, pode haver ampliação do gênio e produção intelectual tanto quanto em um ambiente de total liberdade, discordando neste ponto do pensamento de Mill.

Mill defende a liberdade como um caminho para a maximização da felicidade, vendo-a como uma teoria a ser seguida e ligada mais aos prazeres de ordem moral e do intelecto do que aos prazeres sensoriais, enquanto Berlin, rejeitando qualquer programa racional, afirma que a liberdade é a garantia para a possibilidade de escolha de valores conflitantes entre si, algo que não leva à felicidade, necessariamente, e que tampouco existe um caminho específico, ou qualitativamente melhor (moral sobre o sensual, por exemplo), ao qual se deva dar preferência.

2. LIBERDADE NEGATIVA

Liberdade negativa e liberdade positiva são, para Berlin, as duas abordagens e interpretações mais importantes e prementes, "aqueles sentidos capitais, com significativa parcela da história humana por detrás delas e, eu poderia mesmo dizer, ainda pela frente"[8] a respeito da liberdade em si. Por entender que a filosofia política é um ramo da filosofia moral, Berlin acredita que as discussões acerca da política deveriam ter início nas questões do indivíduo, sendo a liberdade e os temas atinentes à obediência e coerção de um homem sobre o outro a verdadeira gênese do assunto. A quem submeter-se, por que submeter-se a terceiros, os limites da liberdade individual e da coerção são as suas preocupações a respeito da liberdade; em resumo, "o desejo de liberdade é, em primeiro lugar, o desejo de indivíduos ou grupos de não sofrer interferência de outros indivíduos ou grupos;"[9] "a liberdade é, portanto, no seu sentido primário, um conceito negativo; pedir liberdade é pedir a ausência de atividades humanas que interceptem as minhas".[10] Não deve ser confundida com a simples ausência de obstáculos à vontade, pois com a extinção dos desejos haveria plena

---

[8] Isaiah Berlin, *Quatro Ensaios sobre a Liberdade*. Brasília, Editora Universidade de Brasília, 1981, p. 25.

[9] Idem, *Ideias Políticas na Era Romântica: Ascensão e influência no pensamento moderno*. São Paulo, Companhia das Letras, 2009, p. 149.

[10] Ibidem, p. 151.

liberdade; a liberdade negativa se refere aos espaços – ora maiores, ora menores – que terceiros estendem à liberdade de alguém.

Como vimos, para Berlin, desde o século XVIII, a liberdade positiva havia se tornado uma arma ideológica, imposta como a verdade para a vontade e libertação final da humanidade. Mesmo no século XX, a Revolução Soviética tinha bastante vivas as doutrinas marxistas a respeito da luta de classes, da marcha histórica e da necessária submissão e adesão, por parte da classe operária, em direção à sociedade tal como Marx havia imaginado.[11]

Enquanto Berlin considerava a liberdade positiva como a *liberdade para*, ou seja, em função de alguma outra coisa que fosse além dela, a liberdade negativa era entendida como *liberdade de*, denotando que, para ela, o importante era estabelecer quais eram os limites ou as interferências à plena liberdade – garantia de não ser impedido por outros ou pelo Estado – e que permitiria que cada homem decidisse por si mesmo, e desse à sua própria e individual vida os rumos que lhe parecessem melhores, restando ausentes quaisquer obstáculos ou impedimentos: em resumo, a liberdade negativa pode ser entendida como a ausência de empecilhos à tomada de decisão individual.

Isaiah Berlin opôs liberdade *negativa* a liberdade *positiva*. Ele definiu a liberdade negativa como estar livre de coerção. A liberdade negativa é sempre liberdade *contra* a possível interferência de alguém. São exemplos disso a autonomia de fruir intitulamentos (contra possíveis abusos); a autonomia de expressar crenças (em oposição à censura); a liberdade de satisfazer pessoalmente gostos e a livre procura de objetivos individuais (em oposição a padrões impostos). A liberdade positiva, por outro lado, é essencialmente um desejo de governar-se, um anseio de autonomia.

---

[11] George Crowder afirma que, à época do discurso de Berlin "Dois conceitos de liberdade", proferido em 1958, seu autor tinha em mente a Guerra Fria e as disputas ideológicas entre Estados Unidos e União Soviética. George Crowder. *Isaiah Berlin: Liberty and Pluralism*. Cambridge, Polity Press, 2004, p. 66.

Contrariamente à liberdade negativa, não é liberdade *de*, porém liberdade *para*: a aspiração ao autogoverno, a decidir com autonomia em vez de ser objeto de decisão. Enquanto a liberdade negativa significa independência de interferência, a liberdade positiva está relacionada à incorporação do controle.[12]

Berlin se refere estritamente à liberdade política, não a limitações físicas, psicológicas ou biológicas que alguém possa apresentar, e às quais possa atribuir eventual restrição de liberdade. Berlin alude à ausência de interferência de pessoas – em nome de governos ou não – que impeçam a livre iniciativa e a voluntária decisão de um homem a respeito de sua vida privada. Naturalmente, essa liberdade deve ser administrada por lei, e pode ser limitada quando configurar um risco a outros direitos de semelhante valor: afinal, a completa liberdade para alguns grupos pode significar diretamente enorme prejuízo a outros (relação entre empregado e empregador, responsabilidades políticas e a condição de vida dos cidadãos, aumento de preços de forma arbitrária, ligados ou não às demandas de oferta e procura).

Não há dúvida de que vale lembrar que a crença na liberdade negativa é comparável com a criação de grandes e duradouros males sociais e que (enquanto as ideias influenciam a conduta) tem tomado parte nessa criação. (...) Liberdade para os lobos quase sempre significa morte para os cordeiros. A sangrenta história do individualismo econômico e da irrefreada competição capitalista, teria eu pensado, não precisa ser acentuada hoje em dia. (...) Deveria ter sido ainda mais claro ao citar que os males do *laissez-faire* incondicional e dos sistemas sociais e legais que o permitiam e encorajavam, levaram a violações brutais da liberdade "negativa" – de direitos humanos básicos (sempre conceito "negativo": um muro contra opressores), inclusive o de livre expressão ou de

---

[12] José Guilherme Merquior, *O Liberalismo – Antigo e moderno*. São Paulo, É Realizações, 2014, p. 50.

associação, sem os quais poderá haver justiça e fraternidade, e até mesmo felicidade, mas não democracia.[13]

Isso significa que, para Berlin, a liberdade negativa não é o valor máximo, e sim um dos inúmeros bens que podem ser aumentados ou diminuídos, de acordo com a administração dos valores humanos, como mais uma opção de escolha. Nesse sentido, discorda da visão de liberdade dos utilitaristas, que viam esse instituto como um meio para a vida feliz, enquanto, para ele, a liberdade negativa é um fim, como qualquer outro valor desejável, e sua apreciação não busca, necessariamente, outro fim, tal como a felicidade. Segundo Berlin, o que importa não é a escolha feita, mas a liberdade de poder escolher e, assim, assegurar a autocriação da natureza humana: aqui, o radicalismo do pensamento berliniano é visto quando, em vez de defender o uso dos bens e valores humanos com vistas às escolhas consideradas morais ou éticas, ele afirma que a liberdade não deve ser restrita a este ponto, para enviesar as decisões humanas *necessariamente* para uma opção específica e tradicionalmente considerada válida. Berlin defende que quaisquer escolhas, racionais ou não, morais ou não, devem ter suas liberdades garantidas, pois não seriam escolhas morais ou racionais aquelas que, exclusivamente, levam à desejada diversidade, ou à ampliação de seu gênio, de suas capacidades e seus interesses, demonstrando sua afinidade com o pensamento romântico no que toca a liberdade de escolhas.

Por outro lado, do ponto de vista do indivíduo que deve ter sua liberdade preservada, é necessário que também sejam estabelecidos os limites de interferência por parte de terceiros, visando garantir uma liberdade tal que não comprometa a dignidade humana, ou, nos dizeres de Berlin, o limite "deverá ser aquele que um homem não pode abandonar sem causar prejuízos à essência de sua natureza humana".[14]

---

[13] Isaiah Berlin, *Quatro Ensaios sobre a Liberdade*. Brasília, Editora Universidade de Brasília, 1981, p. 25.

[14] Ibidem, p. 137.

Em consequência, aqueles pensadores presumem que a área de livre ação dos homens deve ser limitada pela lei. Mas também presumem, sobretudo os partidários do livre-arbítrio, como Locke e Mill na Inglaterra, e Constant e Tocqueville na França, que deveria haver uma certa área mínima de liberdade pessoal que não deve ser absolutamente violada, pois, se seus limites forem invadidos, o indivíduo passará a dispor de uma área demasiado estreita mesmo para aquele desenvolvimento mínimo de suas faculdades naturais que, por si só, torna possível perseguir, e mesmo conceber, os vários fins que os homens consideram bons, corretos ou sagrados.[15]

Aqui, Berlin reconhece ser particularmente influenciado pelo pensamento de Benjamin Constant (1767-1830), pensador suíço que proferiu o célebre discurso "Da liberdade dos antigos comparada à dos modernos" (1819), comparando o pensamento liberal grego e o de outros povos antigos, marcadamente coletivos e de forte traço público, com as noções de liberdade de sua época, voltadas muito mais para o indivíduo, para a vida privada. Para Constant, nos diz Berlin, "a liberdade de religião, de opinião, de expressão e de propriedade deveria ser garantida contra a invasão arbitrária".[16] Constant destaca que os povos antigos, tais como gregos e romanos, tinham uma vida pública ativa, deliberando a respeito dos assuntos da cidade; ao passo que, em suas vidas privadas, seus costumes eram controlados, não havia liberdade de culto, e todos eram submetidos ao coletivo, uma vez que opiniões e vontades pessoais nunca eram levadas em consideração. Somam-se a isso o fim da escravidão na Europa, que proporcionava aos proprietários de escravos tempo livre para os assuntos da cidade, o crescimento do comércio e a consequente individualização, embora sua participação política beire o inexpressivo. Nos dizeres de Constant,

---

[15] Ibidem.

[16] Ibidem, p. 139.

o objetivo dos antigos era a partilha do poder social entre todos os cidadãos de uma mesma pátria. Era isso o que eles denominavam liberdade. O objetivo dos modernos é a segurança dos privilégios privados; e eles chamam liberdade as garantias concedidas pelas instituições a esses prazeres.[17]

Para Constant, ao referir-se, em seu discurso, a pensadores como Rousseau e Mably, que desejaram restaurar o pensamento político dos antigos, olhar para o passado e perceber a dedicação pública dos cidadãos é cativante e desperta o desejo pela participação política de forma mais engajada, buscando melhorias para todos os cidadãos; entretanto, aqueles que desejaram trazer de volta as noções de tal governo coletivo não se atentaram para as mudanças históricas e sociais que haviam ocorrido, que impediam que se trouxesse aos modernos e a sua mentalidade de época um modo de vida que tinha sido deixado para trás havia muito tempo. Para um homem moderno, profundamente arraigado nas transformações sociais citadas por Constant – liberdade de culto, de imprensa, direitos e poderes sobre a propriedade privada e, principalmente, a liberdade individual e de pensamento –, abandonar seu modo de vida por outro, distante e completamente estranho, seria ter suas noções de liberdade colocadas em risco. Berlin contrasta as sociedades antigas, que desconheciam quaisquer direitos individuais, com o pensamento ocidental moderno:

> o desejo de não sofrer imposições, de ser deixado a sós, tem uma característica de alta civilização, tanto por parte de indivíduos quanto por parte de comunidades. O próprio sentido de privacidade, pertencente à área de relacionamentos pessoais como algo sagrado em seu próprio direito, deriva de uma concepção de liberdade que, em razão de todas as suas origens religiosas, é pouco mais antiga, no seu estado aperfeiçoado, do que a Renascença ou

---

[17] Benjamin Constant, *A Liberdade dos Antigos Comparada à dos Modernos*. São Paulo, Atlas, 2015, p. 86.

a Reforma. Mas seu declínio caracterizaria a morte de uma civilização, de todo um posicionamento moral.[18]

Berlin, como Constant, não reputa a liberdade dos antigos como ruim, mas entende que, na era Moderna, em nome dela, em sua forma "positiva", muitos exageros foram cometidos. Por isso, sempre apresentou predileção pela forma negativa de liberdade, entendendo que esta protege os indivíduos de qualquer decisão arbitrária a respeito de si mesmos. Rousseau, por exemplo, teria a liberdade negativa como justamente aquela contra a qual ele escrevia, voltada para a vontade individualista e corrompida, reafirmando uma liberdade dentro da cooperação social, o que para Berlin seria o tolhimento da liberdade. Também em favor da liberdade negativa, pesa a visão de Berlin a respeito da pluralidade de valores, cuja manifestação na sociedade – e compreensão – só poderia ser efetivada por meio da garantia de livre escolha entre valores diversos.

3. PLURALISMO DE VALORES

A principal proposta de Berlin, a sua ideia mestra, era o tema do pluralismo de valores. Para ele, todos os sistemas monistas de pensamento, desde Platão, buscavam uma harmonia humana por meio da conformidade de valores, em que todos os bens desejáveis – liberdade, justiça, paz, etc. – pudessem coexistir, e admitia que o ideário de uma utopia nunca deixaria de existir. Não obstante, a convicção de que nem todos os valores apreciados podem ser escolhidos e adotados ao mesmo tempo é a ideia original de Berlin. O lema da Revolução Francesa, por exemplo, "liberdade, igualdade e fraternidade", traz implícita a ideia de que todos esses valores podem coexistir em uma sociedade que os estabeleça como prioridades; entretanto, Berlin apresenta o seguinte tipo de questionamento: se

---

[18] Isaiah Berlin, *Quatro Ensaios sobre a Liberdade*. Brasília, Editora Universidade de Brasília, 1981, p. 141.

todos os homens fossem iguais, haveria liberdade? Ou, em caso contrário, em uma situação em que a liberdade fosse privilegiada, como seriam todos iguais?

Berlin expõe que, por muitas vezes e em determinadas situações, bens desejáveis e de reconhecido valor para a humanidade não poderiam conviver, por serem naturalmente incompatíveis. Para que haja segurança, pode haver restrição de liberdades; para que se aplique misericórdia, pode não haver justiça. Estes são alguns exemplos de valores que, vistos isoladamente, são absolutamente desejáveis, mas nem sempre podem ser conquistados em conjunto. Nesse sentido, é importante frisar que, a despeito de se considerar um liberal, e sua obra ser marcadamente associada à liberdade negativa, Berlin não coloca a liberdade em si como o valor principal, acima de todos os outros e inegociável em seu pluralismo de valores; Berlin reconhece que, mesmo a liberdade pode ser restringida em nome de outros bens: aqui, Berlin destoará dos liberalismos clássicos e recentes, ao defender o que John Gray chama de "liberalismo agonístico." Para Gray, enquanto o liberalismo pressupõe um acordo racional de interesses visando ao bem comum, o pluralismo de Berlin o solaparia, posto que, mesmo reconhecendo a liberdade negativa como um valor fundamental para o florescimento humano, ela poderia ser preterida por outros valores, quando necessário, bem como conflitar com outras inúmeras formas de liberdade negativa. Qualquer tentativa de harmonizar os interesses em disputa tenderá a estabelecer pesos para os diversos valores em questão.

> A visão liberal convencional esquece o fato vital de que, se for verdadeiro, o pluralismo de valores é um golpe de morte no projeto kantiano de uma filosofia pura de direito. É igualmente fatal às teorias lockianas de direitos fundamentais e à concepção de lei natural sobre a qual essas teorias necessariamente repousam.[19]

---

[19] John Gray, *Isaiah Berlin*. Rio de Janeiro, Difel, 2000, p. 178.

Quer o liberalismo pretenda construir uma coletividade mais livre, igualitária, ou mesmo mais justa de alguma maneira, propondo um liberalismo deontológico, nenhum desses bens pode ser considerado superior ao outro, e serão as escolhas da sociedade que deverão definir os rumos que esta mesma sociedade deverá seguir. Enquanto o liberalismo clássico pretendia solidificar as liberdades individuais como sendo fundamentais, versões contemporâneas do liberalismo, tais como a de John Rawls, buscam primar a justiça, ou "o conceito de justo, uma categoria moral a que aqui é atribuída prioridade sobre o bem"[20] ou sobre todos os demais valores desejados. Para Berlin, ter estabelecidos bens em ordem de importância seria contraditório, uma vez que, diante de situações de agonia, ou seja, de profunda indefinição sobre que caminho tomar, um bem considerado superior a outros pode mostrar-se ineficaz: "a moralidade – e a política, até a medida em que é moralidade social – é um processo criativo".[21] Essa posição, entretanto, não faz de Berlin um opositor do liberalismo, mas considera ambas as posições:

> o pluralismo e o liberalismo não são conceitos idênticos ou mesmo que se possam sobrepor parcialmente. Existem teorias liberais que não são pluralistas. Creio ao mesmo tempo no liberalismo e no pluralismo, mas eles não têm vínculos lógicos. O pluralismo implica que já que não é possível darmos uma resposta definitiva às questões morais e políticas, ou em realidade a toda questão de valor, e mais ainda, já que certas respostas dadas pelas pessoas, e que estão autorizadas a fazê-lo, não são compatíveis entre si, é preciso abrir um espaço para uma vida na qual os valores possam se revelar incompatíveis (...).[22]

[20] Michael Sandel, *O Liberalismo e os Limites da Justiça*. Lisboa, Fundação Calouste Gulbenkian, 2005, p. 21.

[21] Isaiah Berlin, *O Sentido de Realidade*. Rio de Janeiro, Civilização Brasileira, 1999, p. 248.

[22] Ramin Jahanbegloo, *Isaiah Berlin: Com toda liberdade*. São Paulo, Perspectiva, 1996, p. 72-73.

Gray nota que a obra berliniana oferece espaço tanto para uma visão que difere pluralismo de liberalismo como também os coloca como uma possibilidade política de coexistência. A aparente contradição e as acusações de relativismo que Berlin recebeu serão tratadas no próximo capítulo deste livro.

Como vimos, Berlin não acredita em uma natureza humana determinada, fixa e idêntica para todos os indivíduos, e é isso que estabelece as bases de seu pluralismo, ou seja, a multiplicidade de interesses que os homens demonstram:

> (...) em Berlin não existe análise de uma natureza humana comum que seja universal e a mesma para todos, pois a propensão à diversidade, à diferença, é em si mesma implicada pela capacidade humana de escolha. Não que essa espécie de "comunalidade" seja natural e a diferença, artificial ou convencional; ao invés disso, a diversidade é a expressão mais evidente da natureza do homem como espécie cuja vida é caracterizada pela escolha. Essa escolha é, para Berlin, a escolha entre bens que não só são distintos e rivais, mas às vezes incomensuráveis: é a escolha radical, não governada pela razão. Ela é, *in extremis*, a escolha de uma natureza na autocriação de um indivíduo ou a criação coletiva de uma forma de vida. A natureza humana não é, para Berlin, algo dentro de nós todos que aguarde a descoberta e percepção. É algo inventado e perpetuamente reinventado, através da escolha, e é inerentemente plural e diverso, não comum e universal.[23]

A originalidade de Berlin está, conforme Gray, em propor uma visão que não caminha ao lado da tradição filosófica, visto que, desde Platão (e a concordância entre o bom, o belo e o verdadeiro, por exemplo), passando pelo cristianismo (com a crença cristã na paz divina, a perfeita união de virtudes na divindade e no além) o pensamento

---

[23] John Gray, *Isaiah Berlin*. Rio de Janeiro, Difel, 2000, p. 35-36.

ocidental buscou um fim harmonioso entre todos os bens e valores que resolvessem as questões mais insolúveis. Berlin, por sua vez, nos lança para uma opção trágica, em que uma resposta final nunca virá, tampouco teremos algum dia uma harmonia entre valores, como desejava o lema da Revolução. Ao contrário, teremos "uma multiplicidade de valores que combinamos e recombinamos de acordo com as circunstâncias relativas de determinado tempo ou lugar".

Os caminhos que a humanidade tomou são resultado direto das escolhas que os homens fizeram ao longo do tempo, e não consequência de um determinismo histórico, ou de uma natureza humana igualmente determinada. Portanto, não haveria uma régua através da qual seria possível avaliar quais valores são mais importantes – conceito extremamente maleável, de acordo com a condição dos homens em determinado momento: a liberdade pode, em certas circunstâncias, ser menos importante do que a igualdade, ou a justiça, por exemplo –, nem como julgar de antemão qual a resposta correta para uma situação em que dois valores desejáveis se encontram em conflito e exigem uma escolha única, nem que, mesmo dentro da escolha de um bem, haveria isenção de males como consequência. Isso se aplica à sociedade em geral, como também a um indivíduo, quando está diante de uma escolha entre bens desejáveis que não podem coexistir dentro de uma só alternativa, apresentando contradições e trazendo prejuízos: não é possível que sejam conciliados estilos de vida completamente diferentes sem que haja perda. É razoável que um homem busque ser completo dentro de uma vida familiar, preso a rotinas, mas sua escolha não poderá ser conciliada com uma vida monástica, na qual também alguém poderia ser feliz – um dos tipos de experiência de vida lhe será privado, quando outra, completamente diferente, for por ele adotada.

A incomensurabilidade dos valores, para Berlin, é a impossibilidade de se estabelecer um valor como de maior importância sobre os outros. O que definirá qual bem será escolhido diante de uma situação é o poder de escolha (nem sempre racional), a vontade do agente, os interesses envolvidos e as consequências esperadas. Afirmar que, por exemplo, a liberdade é mais cara do que a igualdade, ou que a vida familiar é melhor do que a monástica, buscando normatizar a resposta escolhida, é, de certa forma, impor uma opinião, que pode não ser a mesma para todos.

Para acentuar o caráter trágico e pluralista, Berlin afirma que, mesmo um determinado valor, quando escolhido, pode apresentar conflitos intrínsecos: a liberdade de uns pode diminuir a liberdade de outros; o acesso à informação pode ser usado de forma indevida; ou a igualdade pode não trazer os mesmos resultados para todos os envolvidos. Os conflitos são infinitos tanto quanto são infinitas as possibilidades de escolha, porém, a agonia na impossibilidade de harmonia dentro das opções disponíveis será sempre presente. O que Berlin rejeita contínua e enfaticamente é a busca e a adoção de uma só resposta (algo que lhe parecia empiricamente improvável), o que implicaria a recusa de todas as outras escolhas, ao passo que seu pluralismo garante a variedade de alternativas e de opções, considerando toda a diversidade de possibilidades em aberto, sendo fundamental o poder de escolha para a garantia da manutenção das características humanas mais básicas. Para a construção de seu pensamento, Berlin reconhece a influência de alguns pensadores na elaboração do seu conceito de pluralismo de valores.

3.1. Maquiavel

A agonia na escolha é vista por Berlin no pensamento de Maquiavel, quem ele considera ter lhe chamado a atenção a respeito da incompatibilidade e incomensurabilidade dos bens (e dos males) dentro do pluralismo de valores. Segundo Berlin, o que a incompatibilidade de valores apresentada por Maquiavel lhe ocasionou "foi a percepção, coisa que surgiu como um choque, de que nem todos os valores supremos buscados pela humanidade agora e no passado eram necessariamente compatíveis entre si".²⁴ A primeira leitura de Maquiavel assombra, pela crueza nos detalhes, a completa suspensão ética, moral e religiosa nas orientações que o florentino oferece a Lourenço de Médici; em Maquiavel, Berlin destaca a ausência das expectativas de progresso histórico, o pragmatismo nas decisões políticas, a valorização da tradição na administração pública e o desejo de tornar a Florença de sua época uma república semelhante às mais bem-sucedidas sociedades dos tempos clássicos. A questão colocada por Maquiavel é que, para que um príncipe conduza o Estado com mãos de ferro, protegendo-se dos inimigos e mantendo a estabilidade interna, os valores apreciados pelo cristianismo serão inúteis, visto que o governante que adotar a humildade, o amor e a submissão como princípios será facilmente derrotado, quando não desacreditado e deposto pelos seus próprios súditos e apoiadores (cuja sobrevivência depende diretamente da força do príncipe). Maquiavel, conforme Berlin, não defende que os valores cristãos sejam ruins, indesejáveis ou inúteis, apenas que, baseado neles, qualquer Estado sucumbiria.

> Consequentemente um homem deve escolher. Escolher uma vida cristã é condenar-se à impotência política: ser usado e esmagado pelos poderosos, ambiciosos, espertos, inescrupulosos; se alguém deseja construir uma comunidade gloriosa como a de Atenas e Roma nos seus melhores tempos, então deve abandonar a educação cristã e substituí-la por uma mais adequada para este fim.²⁵

Maquiavel não está preocupado com questões filosóficas a respeito dos valores, ele se ocupa completamente das questões políticas, buscando os meios que levam os governantes à melhor administração. Por isso, considera que o cristianismo, ou o uso dos valores cristãos

---

²⁴ Isaiah Berlin, *Os Limites da Utopia*. São Paulo, Companhia das Letras, 1991, p. 19.

²⁵ Idem, *Estudos sobre a Humanidade: Uma antologia de ensaios*. São Paulo, Companhia das Letras, 2002, p. 316.

pelos governantes, tornava os homens fracos e colocava o Estado em constante perigo;[26] para a devida manutenção do Estado, requeria-se do governante que observasse virtudes como as dos romanos, voltadas para a força, a coragem e o desprendimento moral em fazer uso tanto de virtudes quanto de vícios para manter-se no poder. Segundo Berlin, Maquiavel afirma que, para que sejam atingidos os fins políticos esperados, é necessário adotar as regras próprias do fazer político, com seus males, e esquecer-se das regras morais cristãs,[27] o que endossaria, para Berlin, sua tese de incompatibilidade e incomensurabilidade de valores: Berlin diz de Maquiavel que, "ao quebrar a unidade original, ele ajudou a fazer com que os homens se tornassem conscientes da necessidade de serem obrigados a fazer escolhas angustiantes entre alternativas incompatíveis na vida pública e privada".[28] Na realidade de Maquiavel, comensurar as virtudes de estadistas com a humildade e o amor cristãos seria impossível, ao mesmo tempo em que um príncipe que usasse dos vícios, da mentira e da violência indiscriminados poderia assegurar às comunidades religiosas a sua sobrevivência, uma marca da tragédia inerente às tomadas de decisão: bens desejáveis podem ser fruto de escolhas consideradas más.

---

[26] No tocante a história, essa é a opinião de Edward Gibbon quanto a derrocada de Roma em seu *Declínio e Queda do Império Romano* (1776), ou seja, a crescente influência dos valores cristãos minou dos romanos seu caráter guerreiro e sua cultura pagã.

[27] Berlin não acredita que Maquiavel estivesse contrapondo "moralidade cristã" e "necessidade política", e sim que Maquiavel, como Aristóteles, acredita que a política tem uma ética própria, com fins próprios e distinta de qualquer outra. Berlin afirma que "Maquiavel não está contrastando duas esferas 'autônomas' de ação – a 'política' e a 'moral': ele está contrastando sua própria ética 'política' com uma outra concepção de ética que rege a vida de pessoas que não lhe interessam. Está na verdade rejeitando uma moralidade – a cristã –, mas não em favor de algo que não pode ser descrito como moralidade (...). Ele está realmente rejeitando a ética cristã, mas em favor de um outro sistema, um outro universo moral (...) uma sociedade atrelada a fins tão últimos quanto a fé cristã, uma sociedade em que os homens lutam e estão dispostos a morrer por fins (públicos) que eles buscam por esses mesmos fins. Em outras palavras, o conflito é entre duas moralidades, a cristã e a pagã, e não entre as esferas autônomas da moral e da política". Isaiah Berlin, *Estudos sobre a Humanidade: Uma antologia de ensaios*. São Paulo, Companhia das Letras, 2002, p. 323.

[28] Ibidem, p. 348.

Todos temos consciência das angustiantes alternativas propostas por um passado recente. Deve o homem resistir a uma tirania monstruosa a qualquer preço, mesmo que isso custe as vidas de seus pais ou filhos? Deve uma criança ser torturada para se obter informações sobre perigosos traidores ou criminosos? Esses choques de valores constituem a essência do que eles são e do que nós somos. Se nos dizem que tais contradições serão dissipadas em um mundo perfeito no qual todas as coisas boas podem, em princípio, ser harmonizadas, então devemos responder aos que afirmam isso que o sentido dos termos denotativos dos valores conflitantes não é o mesmo para nós e para eles.[29]

Berlin não está endossando as polêmicas orientações de Maquiavel, ou outras práticas de adoção da violência em si mesmas, mas destacando tanto o fato de Maquiavel demonstrar a inexistência de uma verdade exclusiva a ser buscada quanto a realidade trágica das escolhas que fazem parte de nosso mundo, muitas vezes escolhas indesejáveis, mas que demonstram ser inevitáveis na condição humana.

3.2. Vico

Berlin também aponta para as diferentes profundidades que as diversas culturas aplicam a determinados valores. Uma tribo de guerreiros pode enaltecer a coragem, considerando seu pendor para a defesa, acima da humildade, que é cara dentro do sistema de valores cristãos, que, por sua vez, era completamente distinto do sistema romano. Neste sentido, Berlin reconhece a influência do pensador italiano Giambattista Vico sobre seu pensamento (1668-1744). Vico nasceu em Nápoles, foi filósofo, jurista e destacou-se como ferrenho crítico da filosofia cartesiana, bastante cultuada em seu tempo, algo que lhe rendeu não poucas críticas. Para Vico, a matemática não poderia ser reconhecida na natureza pelo motivo de que, na verdade, os cálculos eram criações humanas aplicadas aos fenômenos naturais, enquanto

---

[29] Isaiah Berlin, *Os Limites da Utopia*. São Paulo, Companhia das Letras, 1991, p. 23.

estes, criações de Deus, só poderiam ser conhecidos por seu Criador, não pela mente humana.

Segundo Vico, o homem somente teria conhecimento daquilo que havia criado, e, entre suas obras incluem-se as culturas, consequentemente, a história. Percebe-se aqui a direta influência viquiana sobre Berlin, no tocante à sua crítica entre a relação das ciências humanas e as ciências naturais. Como vimos, Berlin faz distinção entre ambas, ressaltando a origem de seu campo de estudo – o mundo humanamente criado das ciências humanas em contraposição à natureza, de quem o homem não é criador –, o que acaba definindo a perspectiva do pesquisador: o estudioso das humanidades olha para elas *de dentro*, sendo parte integrante, enquanto o cientista observa a natureza *de fora*. Por fim, a natureza oferece fenômenos empíricos, enquanto a cultura e o comportamento humano são dotados de ações completamente aleatórias e, na maioria das vezes, imprevisíveis, porém passíveis de ser compreendidas e de ter suas origens alcançadas, ou seja, a própria construção do conhecimento histórico. Rejeitando a busca pela verdade científica do cartesianismo, Vico ressuscita e considera antigos mitos, lendas, idiomas e hábitos válidos para a construção do conhecimento humano.

O que é certo, segundo Berlin, é a infinita variedade de culturas com a sua igualmente infinita variedade de fins desejados, de acordo com o que seus indivíduos pensam, desejam e compartilham. Cada cultura, com suas crenças e seus modos de vida, cria um conjunto de valores que é único e incomensurável com todas as outras culturas, sendo estas sujeitas ao estudo para que se tornem conhecidas, e não avaliadas em escalas de valor, ou comparadas e categorizadas entre melhor e pior, bárbaras ou civilizadas. Vico aplica essa visão não somente sobre os povos contemporâneos como também sobre os povos de todos os tempos, todos tendo sua própria cultura e seus próprios valores. Mesmo civilizações que possam ser consideradas violentas, como a dos romanos, produziram farta literatura e pensamento político e filosófico singulares, que só seriam possíveis dentro de seu próprio sistema de pensamento, inimagináveis em qualquer outra cultura (como destaca Berlin, é impossível que as obras de Homero, de Shakespeare ou a Bíblia fossem produzidas em outro tempo e lugar que não o seu próprio, a despeito de quaisquer fraquezas ou falhas de compreensão e aplicação das noções de civilização que apresentassem, falhas essas julgadas sempre por um observador que analisa de fora do contexto e com base em seus próprios valores).

Nesse sentido, Vico desfere um duro golpe no pensamento iluminista, que considerava bárbaras e atrasadas a maioria das civilizações precedentes; em sentido contrário, Vico defende que cada povo e cada cultura devem ser avaliados dentro de seu próprio contexto, compreendendo assim a origem e a prática de seus costumes.

Entretanto, o que une todas as culturas, o que as faz compreensíveis perante todas as outras – por mais que sejam diferentes – é o elemento humano implícito em cada uma delas. Noções familiares, estrutura social, religião, leis e tradições apresentam traços comuns em todos os povos, mesmo entre os mais distintos; a única situação em que a comunicação entre culturas poderia ser rompida seria aquela em que práticas inusitadas, não reconhecidas por todas as sociedades, fossem observadas por uma delas. Berlin descreve essa comunicação da seguinte forma:

> Só posso falar com pessoas que entendem o que quero dizer. Não importa o quanto a moralidade deles seja diferente da minha, eles devem ser capazes de entender um certo mínimo. (Deve haver) Um certo número de valores comuns a respeito dos quais os seres humanos possam se comunicar. A comunicação deve ser possível porque esses valores comuns existem. Ou seja, todos acreditam em verdade, porque se você não tivesse a verdade, você não poderia viver, porque, então, se mentiras fossem contadas, você não saberia o que esperar no futuro. Todos têm que comer, que beber, todos têm que ter uma certa dose de atividade sexual: essas coisas

são comuns. Se você desprezar essas coisas, a comunicação entre as pessoas cessa.³⁰

O próprio Vico reconhece a existência de uma natureza comum em todas as práticas humanas:

Indispensável é que exista na natureza das coisas humanas uma língua mental comum a todas as nações. Uma língua, que uniformemente interprete a substância das coisas praticáveis na vida social humana, e que a explicite mediante tantas modificações distintas quantos sejam os diversos aspectos que tais coisas possam assumir. Como se dá, aliás, de modo comprovadamente certo nos provérbios, autênticas máximas da sabedoria vulgar, na substância compreendidas como as mesmas por todas as nações antigas e modernas, por muitas que elas sejam, mas expressas através de tantos e tão diversos aspectos.³¹

A esse respeito, Berlin afirma que

segundo Vico, se o termo "humano" significa alguma coisa, deve haver algo suficientemente comum a todos os seres humanos para que seja possível, através de um suficiente esforço de imaginação, se apreender o que deve ter sido o mundo para as criaturas, remotas no tempo e no espaço, que praticaram tais ritos e empregaram tais palavras, criando obras de arte como meios naturais de autoexpressão, numa tentativa de entender e interpretar seus mundos para si mesmas.³²

---

³⁰ Transcrição de uma entrevista de Berlin apresentada por Henry Hardy, na sua leitura "Isaiah Berlin on Human Nature" (minuto 31'50"). The 7th Isaiah Berlin Memorial Lecture em Riga – Berlin, 4 jun. 2015. Disponível em: https://www.youtube.com/watch?v=u8T33JMG-GyA&t=2182s. Acesso em: 1 fev. 2017.

³¹ Giambattista Vico, *Princípios de (uma) ciência nova*. São Paulo, Abril Cultural, 1974, p. 39-40.

³² Isaiah Berlin, *Os Limites da Utopia*. São Paulo: Companhia das Letras, 1991, p. 61.

Vico também não acredita que haja um progresso histórico: acredita que "trata-se mais de um relato daquilo que aconteceu – 'a ordem das coisas procedeu assim'– do que uma lei inexorável para todas as nações,"[33] e que as contribuições das culturas mais jovens excedam em riqueza às produções dos povos mais antigos. Vico advogava uma transição de eras evolutivas pelas quais as nações e os povos passam, mas não as considerava necessárias ou determinadas. Para Berlin, o pensamento de Giambattista Vico e, como veremos, também o de Johann Gottfried von Herder (1744-1803) definem o pluralismo de valores que ele defende:

> Mas a concepção de Herder, bem como a de Vico (...) é algo que eu chamaria de pluralismo, ou seja, a ideia de que existem muitos fins diferentes que podem ser buscados pelos homens, fazendo com que estes se sintam plenamente racionais, plenamente realizados, capazes de entendimento, compreensão e iluminação mútuas, da mesma forma que nos iluminamos com a leitura de Platão ou dos romances do Japão medieval – mundos e concepções muito distantes dos nossos.[34]

A pluralidade de culturas é tão variada quanto as possibilidades de autocriação humanas, a capacidade de se inventar e se reinventar, a opção pela escolha mais inesperada, a proposição de um novo ponto de vista, a descoberta de espontâneas combinações de culturas e crenças. A objeção de Berlin a todas as propostas monistas – de Platão a Marx – está no roubo da criatividade e da autodeliberação que o monismo enseja, atingindo a todos com ele envolvidos. E toda expectativa de uma civilização universal, homogênea, quer seja iluminada pela Razão, quer seja de domínio proletário, é de exterminar a riqueza cultural humana reconhecida em suas mais diversas culturas.

---

[33] Dario Antiseri; Giovanni Reale, *História da Filosofia: de Spinoza a Kant*. São Paulo, Paulus, 2004, p. 207.

[34] Isaiah Berlin, *Os Limites da Utopia*. São Paulo, Companhia das Letras, 1991, p. 21.

A incomensurabilidade de valores, diria Berlin, é o que garante que não se tome uma cultura, ou um conjunto de valores próprio de um povo, como superior aos de todos os outros; neste ponto, Isaiah Berlin afirma ter sido influenciado pelas ideias do Romantismo alemão.

3.3. Romantismo

O Romantismo foi "um conjunto de atitudes, um modo de pensar e agir",[35] originado na Alemanha no século XVIII, que surgiu como uma resposta ao racionalismo do Iluminismo, privilegiando, principalmente, a espontaneidade em lugar do raciocínio calculado. Seus principais vultos na filosofia e na literatura enfatizavam a liberdade de expressão, bem como a importância dos sentimentos na vida humana, e a vazão a ser dada a eles. Berlin descreve a origem do Romantismo em meio a uma Alemanha fragmentada, recém-devastada pela Guerra dos Trinta Anos, e, somada a isso, a forte influência pietista, ocasionando a prática de uma aguda vida interior de natureza religiosa em seu povo. A pujança e a intelectualidade francesas eram vistas com ressentimento pelos alemães.

Diferenciando o cuidado com a humanidade de um modo geral, os românticos destacaram o indivíduo e suas possibilidades de criação da própria vida, da experimentação de inúmeros caminhos, atitudes, escolhas. A identificação primeira com a religião cristã logo se transformou, por meio do processo criativo e de descoberta, também com o obscuro, misterioso, o que era considerado maligno, com a aventura e a coragem de desbravar o desconhecido, lançar-se para experimentações inéditas e dar asas, principalmente na arte,[36] à intuição, ao irracionalismo e ao inexplicável como formas de inspiração. Foi por

---

[35] Idem, *A Força das Ideias*. São Paulo, Companhia das Letras, 2005, p. 279.

[36] Mais tarde, a liberdade e o poder de intuição próprios do artista serão estendidos à figura do líder político, a quem o Espírito guiará, e que, portanto, deverá ser obedecido e seguido. George Crowder, *Isaiah Berlin: Liberty, Pluralism and Liberalism*. Cambridge, Polity Press, 2004, p. 110-11.

esses mesmos motivos, ou seja, por não se identificar com o racionalismo científico da época, que o romantismo constituiu-se em uma reação e um caminho completamente opostos às teorias racionalistas dos iluministas da Enciclopédia; e será essa forma original de pensar, não preocupada em *descobrir* verdades, senão em *criá-las*, que marcará decisivamente seus seguidores, bem como o próprio Isaiah Berlin.

O principal precursor desse modo romântico de pensar foi Johann Georg Hamann (1730-1788), que se autointitulava "o mago do norte". Berlin entende que Hamann iniciou o movimento romântico, além de ter sido o seu mais violento crítico do Iluminismo; influenciado pela leitura bíblica e pelo pietismo, Hamann creditava o conhecimento das coisas à fé, e alegava que qualquer iniciativa científica nesse sentido seria inútil. Hamann era contrário a todo tipo de classificação ou organização de conhecimentos, doutrinas e dogmas estabelecidos pelos teólogos de seu tempo, e, diante disso, propunha o incentivo à liberdade de expressão e de experiências, através das quais seria possível o verdadeiro conhecimento acerca das coisas. Defendia a leitura dos mitos e via neles "formas em que os seres humanos manifestavam seu sentido do inefável, dos mistérios inexprimíveis da natureza, e não havia nenhuma outra maneira de expressá-los".[37] Hamann haveria de demonstrar o valor do que há de oculto, místico, próprio da fé, irracionalista, diante da crescente influência da ciência e do pensamento franceses; reduzir a vida ou o conhecimento a uma série de regras seria o mesmo que a morte dos homens.

> O verdadeiramente original em Hamann, explica, é sua concepção da natureza do homem, nos antípodas da visão otimista e racional que a respeito dela promoveram os enciclopedistas e filósofos franceses do Iluminismo. A criatura humana é uma criação divina e, portanto, soberana e única, que não pode ser dissolvida em uma coletividade, como fazem os que inventam teorias

[37] Isaiah Berlin, *As Raízes do Romantismo*. São Paulo, Três Estrelas, 2015, p. 85.

("ficções", segundo Hamann) sobre a evolução da história rumo a um futuro de progresso, em que a ciência iria desterrando a ignorância e abolindo as injustiças. Os seres humanos são diferentes, e também os seus destinos; e sua maior fonte de sabedoria não é a razão nem o conhecimento científico, e sim a experiência, a soma de vivências que acumulam ao longo da sua existência. Nesse sentido, os pensadores e acadêmicos do século XVIII pareciam-lhe autênticos "pagãos".[38]

Um dos principais filósofos influenciados pelo pensamento de Hamann foi Johann Gottfried von Herder, pensador que Berlin reconhece ter sido uma de suas principais influências, indicando-o como o próprio criador de uma ideia de pluralismo de valores,

> isto é, a crença, não apenas na simples multiplicidade dos valores das diferentes culturas e sociedades e, além disso, na incompatibilidade dos ideais igualmente válidos, junto com a implicada consequência revolucionária de que as noções clássicas de um homem e uma sociedade ideal são intrinsecamente incoerentes e sem significado.[39]

Herder entendia que a diversidade de povos e culturas pelo mundo enriquecia a experiência humana, e que, portanto, toda essa multiplicidade deveria ser estudada, sem que se esperasse encontrar em nenhuma delas uma "verdade", mas que todas crescessem em convívio. Na mistura dos povos – como era a Riga do tempo de Herder, repleta de letões, russos e alemães – todos seriam estimulados a experimentar o novo, o diferente, e assim ampliar suas possibilidades como seres humanos. Herder também defendia que cada época tinha seus próprios dilemas, seus próprios valores, e que isso era sempre transformado

---

[38] Mario Vargas Llosa, *O Mago do Norte*. El País, 17 mai. 2014. Disponível em: http://brasil.elpais.com/brasil/2014/05/17/opinion/1400357185_217248.html. Acesso em: 9 fev. 2017.

[39] Isaiah Berlin, *Vico e Herder*. Brasília, Editora Universidade de Brasília, 1982, p. 140.

com o passar do tempo; para ele, a teoria iluminista de que todos os homens, em todos os tempos, sempre buscaram um arranjo racional para suas sociedades, com conjuntos de valores estabelecidos e imutáveis, reduzia a experiência humana e não passava de uma elucubração sem relação com a vida real dos povos.

Hostil a uma ideia de humanidade, e da homogeneidade na cultura mundial, próprias do Iluminismo francês, Herder afirmava que os acontecimentos históricos, os caminhos tomados por cada sociedade, tinham como pano de fundo sua própria cultura, o sentimento de pertença de cada indivíduo imerso em um grupo, dotado de características distintas, mas que definiam a noção de povo e davam o sentimento de origem para cada um de seus membros (o seu *Volksgeist*). "Os acontecimentos causais são previsíveis, os criativos, não."[40]

Herder presenteou ao século XIX o conceito de uma história dinâmica, aberta. Nele, não há nenhum sonho de uma pré-história paradisíaca, à qual seria melhor regressar. Cada momento, cada época possui seu próprio desafio e uma verdade que precisa ser agarrada e modulada. Nisso ele se põe em extrema oposição a Rousseau, para quem a civilização atual representa um declínio e estranhamento da vida humana.[41]

Isso explicaria o comportamento de cada povo, seu amor à sua pátria e religião, a defesa dos seus interesses como forma de salvaguardar sua própria cultura e, de certa forma, a si mesmo. Herder, como Berlin, era tão contrário ao homem cosmopolita quanto à autoridade demasiada do Estado, que, para ele, limitaria as capacidades de expressão do espírito humano; por outro lado, estimulou que os alemães resgatassem e cultivassem seus antigos costumes e crenças, e acreditava

---

[40] Rüdiger Safranski, *Romantismo: Uma questão alemã*. São Paulo, Estação Liberdade, 2010, p. 21.

[41] Ibidem, p. 27.

que todos os outros povos deveriam fazer o mesmo. A evolução histórica, para Herder, se dava na obediência a este *Volksgeist*, que indica aos homens, dentro e a partir de suas culturas, qual caminho deve ser tomado. Isso não excetuava movimentos violentos, revoluções, assim como foram violentas e radicais as consequências do Romantismo, tanto para o bem quanto para o mal, na leitura de Berlin.

3.4. Alexander Herzen

Seguindo o apreço de Berlin por personagens obscuros da História, outro dos escritores que causaram importante impacto sobre seu pensamento foi o escritor e radical russo Alexander Herzen (1812-1870), considerado, principalmente entre os camponeses, precursor nos movimentos socialistas em seu país (embora tenha emigrado e vivido em diversos países da Europa ocidental, e, depois de sua partida da Rússia, em 1847, nunca mais tenha voltado, passando a viver da fortuna deixada por seu pai, um rico aristocrata). Era movido por um sentimento romântico de poder contribuir com seu país; fundou o primeiro jornal contrário ao governo do Czar, o que acabou por ser o começo da agitação revolucionária na Rússia. A descrição de um amigo, transcrita por Berlin, mostra um Herzen imbuído de um profundo espírito crítico avesso a todo tipo de apatia intelectual e instituições que perpetuavam a injustiça; era apaixonado pelas nobres inclinações humanas. Berlin o situa em um tempo no qual o hegelianismo predominava nas discussões políticas e filosóficas também em Moscou, e cita que Herzen tratou de rechaçá-lo como um pensamento ilusório e enganador, rejeitando a visão de que a história seguisse um rumo determinado. A descrição de Berlin a respeito do pensamento de Herzen confunde-se com a de seu próprio, indicando a fonte de seu ceticismo:

(...) a natureza não obedece plano algum, que a história não segue nenhum *libretto*; nenhuma única chave, nem fórmula pode, em princípio, resolver os problemas de indivíduos ou sociedades; que as soluções gerais não são soluções, fins universais nunca são fins reais, que cada era tem sua própria textura e suas próprias questões, que os atalhos e generalizações não são substitutos da experiência; que a liberdade – de indivíduos reais, em tempos e lugares específicos – é um valor absoluto, que uma área mínima de ações livres é uma necessidade moral para todos os homens, não ser sufocado em nome de abstrações de princípios gerais tão livremente disseminados pelos grandes pensadores desta ou de qualquer outra era, tais como a salvação eterna, ou história, ou humanidade, ou progresso, ainda menos o Estado, a Igreja ou o proletariado – grandes nomes invocados para justificar atos de detestável crueldade e despotismo, fórmulas mágicas concebidas para abafar a voz da consciência e sentimento humanos.[42] (Tradução livre)

Nas palavras do próprio Herzen, embora a vida não tenha um sentido específico, ela deve ser vivida da forma que o indivíduo desejar; é imprópria qualquer intenção de dar a ela uma predestinação, codificada por poucos e imposta a todos como a única maneira pela qual se deva viver – e mesmo perder – a própria vida.

Qual é o objetivo pelo qual vocês (Mazzini, os liberais e socialistas) estão procurando – é um programa? Uma ordem? Quem a concebeu? Para quem a ordem foi dada? É algo inevitável? Ou não? Se for, somos meros fantoches? Somos moralmente livres ou somos engrenagens em uma máquina? Prefiro pensar a vida, e, portanto, a história, como um objetivo alcançado, e não como um meio para alguma outra coisa.[43] (Tradução livre)

Herzen é descrito por Berlin como um vigoroso defensor da liberdade e da pluralidade, perante aqueles que se apegam a padrões e tradições, e defensor dos valores liberais tais como os observados por

---

[42] Isaiah Berlin, *Russian Thinkers*. London, Penguin Books, 2013, p. 99.

[43] Ibidem, p. 224.

seus contemporâneos Tocqueville e Constant. Manteve, em Londres, seu jornal de aberta crítica ao czarismo; seus escritos combinavam elementos liberais, principalmente os relativos às liberdades individuais, "com aspirações democráticas voltadas à liberdade, igualdade e justiça social"[44] (Tradução livre). Participou da Revolução de 1848, em Paris, mas desencantou-se com o movimento. Embora se dissesse revolucionário, foi considerado demasiado moderado para tanto, sendo preterido na evolução do movimento socialista crescente na Europa. A imagem que Herzen cria, no tocante ao sacrifício da vida presente por uma promessa de felicidade em uma vida futura, como sendo desumano e falso, seria recorrente na abordagem de Berlin em sua interpretação dos sistemas utópicos, não raro utilizando de violência em nome de seus ideais. A mesma influência se vê na origem dos valores, que, para Herzen,

(...) não podem ser derivados das leis da história (que não existem), nem de metas objetivas do progresso humano (não existe tal coisa – eles mudam com a mudança das pessoas e das circunstâncias). Fins morais são o que as pessoas querem pelo seu próprio bem. O homem verdadeiramente livre cria sua própria moralidade.[45] (Tradução livre)

Embora Herzen "acreditasse ardorosamente que somente o socialismo poderia corrigir as grandes injustiças econômicas de seu tempo e dar às massas uma vida decente"[46] (Tradução livre), ele temia pelo avanço do socialismo pela Europa, e, de certa forma, profetizou que os opressores, czaristas denunciados pelos revolucionários, seriam meramente substituídos por estes, socialistas ("o comunismo varrerá o

---

[44] Joseph Frank, *Through the Russian prism: essays on literature and culture*. New Jersey, Princeton University Press, 1990, p. 213.

[45] Isaiah Berlin, Russian *Thinkers*. London, Penguin Books, 2013, p. 226.

[46] Ronald Dworkin; Mark Lilla, *The Legacy of Isaiah Berlin*. New York, New York Review of Books, 2001, p. 22.

mundo em uma violenta tempestade – medonho, sangrento, injusto, repentino").[47] A ideia de uma vida sacrificada em nome da sociedade, defendida e sonhada por amigos próximos, tais como Belinski e Bakunin, era estranha a Herzen, que defendia, sobretudo, a vida vivida em si mesma, e não com vistas a um projeto político, uma abstração religiosa. A vida deveria ser vista por suas ações – a brincadeira das crianças, a educação e o conhecimento adquiridos, o esforço do trabalhador, os sentimentos, as paixões, os projetos e ímpetos que os guiam – e não por seus fins: ver a vida por seu término seria considerar a morte como o sentido da vida. Aqui, mais uma vez, Herzen ecoa no pensamento berliniano, ao afirmar que a liberdade é um fim em si mesmo, fundamental para que os homens vivam suas vidas como melhor lhes aprouver. A sociedade deveria encontrar um equilíbrio entre a organização e os interesses privados, guardando os direitos atinentes a uma área mínima, privativa do indivíduo, que não poderia ser tocada por ninguém, a não ser ele próprio. O cerne do pensamento de Herzen, segundo Berlin, é a ideia de que os problemas da vida comum talvez não tenham solução; embora devam ser perseguidas, não há garantia de que serão, um dia, encontradas.

4. NACIONALISMO

O pensamento romântico de Herder e outros acerca das noções de nação, dos vínculos de indivíduos com suas raízes nacionais, culturais, étnicas e religiosas, e a importância e o papel dessas identidades coletivas na identidade individual marcaram profundamente os escritos de Berlin sobre esses temas e reverberaram em sua posição a respeito da formação do Estado de Israel. Embora o nacionalismo tenha sido acusado, muitas vezes com razão, de alimentar conflitos em nome de raça, territórios ou culturas, segundo Berlin, ele também tem importância decisiva na construção da identidade humana.

---

[47] Ibidem, p. 226.

Berlin afirma que o nacionalismo era bastante reconhecido, dentre as várias vertentes políticas do início do século XIX, quando se limitava apenas à resistência contra nações opressoras. Nas décadas que anteciparam a Primeira Guerra, contudo, já não contava com muitas esperanças relativas ao seu papel no futuro político dos Estados, uma vez que o século estava mais agitado, em teoria ou em prática, com o crescente cientificismo social em suas diversas cores (Comte, Fourier, o socialismo utópico de Saint-Simon, o científico de Marx e Engels), bem como pelo capitalismo e imperialismo europeus, para os quais o nacionalismo era oriundo do pensamento burguês. Em breve, seria abandonado tanto quanto o crescimento da indústria e a consequente expansão de mercados; o nacionalismo também era frequentemente associado a um pensamento já bastante antigo, próprio de tribos e nações atrasadas, e não condizente com a evolução social, industrial e tecnológica que a Europa estava conhecendo, por isso foi marcante em países como Alemanha e Itália, de conhecido atraso industrial e cujos movimentos de unificação foram de caráter marcadamente nacionalista.

> Na verdade, o nacionalismo não milita necessária e exclusivamente em favor da classe dominante. Ele também incentiva revoltas contra ela, pois expressa o ardente desejo daqueles insuficientemente reconhecidos de representar algumas coisas entre as culturas do mundo. O lado brutal e destrutivo do moderno nacionalismo não precisa ser enfatizado em um mundo atormentado por seus excessos. Contudo, deve ser reconhecido pelo que é: uma reação de âmbito mundial a uma profunda e natural necessidade por parte dos escravos recém-libertos – os "descolonizados" –, um fenômeno imprevisível na sociedade europocêntrica do século XIX.[48]

O próprio surgimento do nacionalismo é creditado, por Berlin, a certo ressentimento de nações que se viam em situação de pobreza,

---

[48] Isaiah Berlin, *Os Limites da Utopia*. São Paulo, Companhia das Letras, 1991, p. 208.

tanto material quanto cultural, em comparação com pátrias em maior desenvolvimento, semelhante à situação em que a Alemanha se encontrava no período em que o Romantismo floresceu, vítima da guerra e, como citado anteriormente, ressentida pela pujança francesa. Outro condicionante importante para o crescimento do nacionalismo é um sentimento de reação ou rejeição a todo tipo de poder ou influência externa que venha a exercer sua força sobre uma nação. Essa reação, diz Berlin, foi o que se viu no século XX no País Basco, na Irlanda, na Índia e nos demais países que ainda sofriam colonização europeia, tanto na Ásia quanto na África, com a situação dos negros nos Estados Unidos e na África do Sul, o antissemitismo na Europa e a questão palestina, e com a reação de países do Leste Europeu frente ao poderio soviético.

A despeito dos exageros cometidos em nome do nacionalismo, Berlin acredita que este seja de suma importância na vida dos homens no tocante à consciência de si mesmos como componentes de um todo comum e ao reconhecimento oriundo dos outros membros de seu grupo como sendo um igual, participante e pertencente ao gênio de seu povo, de suas "lendas, poesia épica, mitos, leis, costumes, canção, dança, simbolismo secular e religioso, templos, catedrais, atos rituais – todas eram formas de expressão e comunicação que não eram criadas por autores individuais (...), mas pela imaginação e vontade coletiva"[49]. Berlin chama a atenção para o fato de que todos esses grupos acabam por apresentar um modo de vida orgânico, direcionado naturalmente para os mesmos propósitos – que são aqueles da nação. A manutenção do modo de vida de cada nação tem por finalidade perpetuar seu estilo de vida, seus valores e a identificação comum que os fazem iguais; e cada indivíduo age de acordo com os interesses de seu grupo ou sua nação porque esses são os seus próprios interesses, por terem sido constituídos em meio a um ambiente que lhe proporcionou adotar cada

---

[49] Isaiah Berlin, *Estudos sobre a Humanidade: Uma antologia de ensaios*. São Paulo, Companhia das Letras, 2002, p. 602.

valor que o grupo compartilha e observa. A estranheza sentida por alguém fora de sua nação é a de quem não reconhece a cultura nem as raízes do país estrangeiro, e que também não têm reconhecidas as suas origens; a mesma estranheza, muitas vezes transformada em revolta, se percebe em nações dominadas por estrangeiros: a população reprimida é mais resistente à autoridade estrangeira do que a um líder ditatorial que tenha saído de seu próprio meio.

Seres humanos precisam ter suas identidades e formas de vida particulares refletidas ou espelhadas em formas que lhes sejam reconhecíveis nas instituições de suas sociedades. Se isso lhes for negado, perderão um elemento essencial da dignidade humana, mesmo que possuam liberdade negativa do mais alto grau, pois serão incapazes de reconhecer a si mesmos, de ver a si mesmos refletidos, nas instituições que conferem liberdade negativa a eles.[50]

Berlin afirma que a origem do nacionalismo se deu entre os românticos alemães, mas distingue o pensamento de Herder, mais preocupado com características culturais do que com um nacionalismo voltado para um Estado caracterizado por uma ideologia nacionalista. Para Herder, o Estado seria uma limitação, senão uma prisão que diminuiria drasticamente o poder de criação e liberdade de seus súditos. Por outro lado, outros pensadores românticos, defensores de um nacionalismo mais ligado à ideia de pátria, acabariam por influenciar o irracionalismo político moderno. Apesar de ser devedor do Romantismo, Berlin é honesto em relação às consequências indesejadas do movimento tanto quanto dos demais críticos do Iluminismo.

O Estado deveria proteger as instituições nas quais o povo se reconhece, mas observando dois pontos: primeiro, o fato de que mesmo em um só povo é possível encontrar diversas culturas distintas; em segundo lugar, atentar para a realidade de que mesmo um indivíduo

---

[50] John Gray, *Isaiah Berlin*. Rio de Janeiro, Difel, 2000, p. 123.

pode ter sua formação cultural constituída pela herança de diversas e diferentes tradições. Daí a recusa de Berlin em aceitar um Estado que defenda uma cultura homogênea e exclusiva, e que por isso se torne indiferente à pluralidade de culturas com as quais deve lidar.

4.1. O Estado de Israel

Dentro da visão berliniana de nacionalismo vista acima, o seu apoio ao Estado de Israel era baseado na milenar e precária condição dos judeus durante a diáspora – perseguições, exclusão, preconceito racial e religioso, direitos políticos cassados e, por fim, o holocausto nazista –, o que os impedia ou os expunha a constante risco, desde sua assimilação (forçada ou não) até o de extinção de sua cultura. Dessa forma, assim como o sentimento nacionalista do Romantismo foi resultado da resistência alemã à expansão dos valores franceses sobre os povos da Europa, o sionismo surgiu como uma reação à força exercida pelo estrangeiro sobre os judeus, aliada ao desejo do povo judaico de retornar ao território ligado às suas origens. Para Berlin, a criação do Estado de Israel foi uma justa reparação depois de anos de intenso sofrimento. Seguindo o pensamento de Theodor Herzl (1860-1904), um dos principais ideólogos do sionismo, Berlin percebe que a assimilação completa dos judeus sempre seria utópica, e que, desde o chamado Caso Dreyfus[51] na França, até os acontecimentos na Alemanha nazista, havia indícios suficientes de que algo radical deveria ser feito a fim de garantir a segurança da população judaica.

A assimilação foi buscada ora pelas próprias nações em que os judeus viviam (muitas vezes de maneira obrigatória, como na Inquisição Espanhola), ora pelas próprias comunidades judaicas. Berlin cita

---

[51] Alfred Dreyfus era um militar judeu do Estado-Maior francês. Foi condenado e sentenciado à prisão perpétua, em 1894, pelo crime de traição, acusado de ajudar o governo alemão em operações de espionagem. Mais tarde, Walsin Esterhazy, oficial francês, confessaria ter fraudado a assinatura de Dreyfus em um documento (*borderau*). O caso simbolizou a força do antissemitismo na França.

o fato de muitos judeus sentirem maior reconhecimento de si mesmos como habitantes da nação onde habitavam do que por sua origem, e por isso sempre relutaram em abandonar o lugar em que viviam, ainda que seus anfitriões os vissem como estrangeiros: "Dois mil anos de história judaica não passaram de um simples desejo de retorno, de deixarem de ser estranhos em todo lugar".[52] Especialmente na Alemanha, os judeus demoraram a perceber o perigo que corriam com a ascensão do nacional-socialismo, ainda acreditando em sua relevância e participação no futuro incerto da nação alemã. Por outro lado, com a criação do Estado de Israel, grandes comunidades judaicas puderam estabelecer-se em um território judeu, e a opção pela assimilação se tornou individual; com a criação de um estado judaico, os judeus contariam com um refúgio, um lugar para onde poderiam seguir caso fossem novamente vítimas de antissemitismo.

Berlin defende o sionismo e o Estado de Israel sob a óptica do nacionalismo e de sua importância para a identidade individual dentro de seu próprio povo, mas também por motivos extremamente pessoais. Berlin era judeu e teve grande parte de sua família morta pelas forças nazistas durante a guerra; embora fosse cético quanto à religião, não negou sua origem. Manteve grande amizade com Chaim Weizmann (1874-1952), líder sionista que mais tarde seria o primeiro presidente de Israel, tendo Weizmann oferecido um cargo público a Berlin, que, por sua vez, recusou o convite. Segundo Avishai Margalit, Berlin era, assim como Weizmann, um sionista muito mais movido pelo instinto que a condição judaica lhe tocava do que um ideólogo do movimento.[53] Na constante e desagradável situação dos judeus em países nos quais sempre foram considerados estrangeiros, havia tanto o risco da assimilação (que não deixa de ser uma espécie de sociedade iluminista

---

[52] George Crowder, *Isaiah Berlin: Liberty, Pluralism and Liberalism*. Cambridge, Polity Press, 2004, p. 35.

[53] Ronald Dworkin; Mark Lilla, *The Legacy of Isaiah Berlin*. New York, New York Review of Books, 2001, p. 149.

cosmopolita, universal e sem traços culturais diversos) quanto do consequente fim da milenar cultura judaica – o que seria uma perda não apenas para os próprios judeus como também para o pluralismo de valores e identidades em geral.

5. ILUMINISMO E CONTRAILUMINISMO

Berlin demonstra seu apreço por pensadores conservadores, tais como Vico e Herder, defensores apaixonados das tradições, e, a despeito de sua crítica ao Iluminismo, entende-se também cultor do pensamento racional, sendo seu próprio trabalho uma tentativa de trazer luz às trevas a que o pensamento político do século XX sucumbiu, no caso dos governos totalitários, mas cuja vertente democrática e liberal é também creditada por Berlin aos pensadores da Ilustração. As conhecidas propostas do Iluminismo, tanto no que se refere ao conhecimento – expandir as ciências, afastar a superstição, estabelecer regras racionais de avaliação científica – quanto às causas políticas e sociais – a ampliação e igualdade de direitos humanos e universais, o fim de privilégios, a luta contra sistemas opressores de governo, acesso à educação, a valorização do ser humano e o consequente respeito ao indivíduo –, são endossadas por Berlin:

> Fundamentalmente, sou um racionalista liberal. Os valores das luzes, que pessoas como Voltaire, Helvétius, Holbach, Condorcet pregaram, são para mim profundamente simpáticos. Talvez elas tenham sido demasiado estreitas, e frequentemente errôneas no que concerne aos fatos da experiência humana, mas estes homens foram grandes libertadores. Libertaram as pessoas dos horrores, do obscurantismo, do fanatismo, de opiniões monstruosas. Levantaram-se contra a crueldade e a opressão, contra a superstição e a ignorância, e contra um grande número de coisas que arruinavam a vida das pessoas. É por isso que estou do lado deles.[54]

---

[54] Ramin Jahanbegloo, *Isaiah Berlin: com Toda Liberdade*. São Paulo, Perspectiva, 1996, p. 98.

e

o dilema de Berlin era como salvar no projeto iluminista o que era positivo do que era tirânico. O que era positivo estava bastante claro: o ataque à autoridade e ao dogma religiosos; a campanha pelos direitos humanos e pela liberdade pessoal contra a tirania do estado; a fé na própria razão humana. Nesses aspectos, o próprio Isaiah estava com Voltaire até a medula.[55]

Vico (crítico do pensamento racionalista de Descartes), Herder, Burke, Hamann e Maistre são alguns dos expoentes do que Berlin chama de contrailuminismo, ou seja, toda reação contrária ao predomínio científico do pensamento dos racionalistas e progressistas do século XVIII. Berlin afirma que a grande e principal contribuição feita pelos contrailuministas está na "convicção de que a ciência e a razão não possuem todas as respostas, que para algumas questões centrais relativas aos valores – éticos, estéticos, sociais, políticos – pode-se ter mais de uma resposta válida"[56]. Apesar de partilhar da opinião dos contrailuministas quanto ao exagerado otimismo dos *philosophes* a respeito da razão, Berlin não nega que houve importante contribuição do Iluminismo para o mundo civilizado, propagando ainda hoje os princípios da educação universal e da dignidade como fundamentais para a valorização humana. O que se verifica aqui é que Berlin não procurava abraçar um posicionamento ideológico em detrimento de outro, mas sim fazer sua investigação da história das ideias, procurando ser razoável com os pensadores do passado, tanto em seus erros quanto em seus acertos.

Com relação ao contrailuminismo, Berlin critica seu principal expoente na França, Joseph de Maistre (1753-1821), escritor de

---

[55] Michael Ignatirff, *Isaiah Berlin: Uma vida*. Rio de Janeiro, Record, 2000, p. 211.
[56] Ramin Jahanbegloo, op. cit., p. 96.

forte expressão em oposição ao pensamento iluminista e revolucionário em seu país, nos pontos em que, acredita, os racionalistas propunham o caminho correto a ser seguido. Maistre defendia em seus escritos o estabelecimento de uma monarquia antidemocrática, bem como a extensão do poder papal sobre todo o mundo civilizado, de forma irrestrita; sua impressão a respeito do homem era a de um ser confuso, condenado pelo Pecado Original e que, portanto, dependia das rédeas do Estado e da religião católica, afim de que não se perdesse; tanto a Igreja quanto o Estado teriam na imagem do carrasco a garantia de que o temor contra a rebelião seria sempre controlado. Com sua visão para o passado, esperando restabelecer um sistema que assistia a sua ruína, Maistre recebe a reprovação berliniana por se opor a uma transformação social que era esperada do ponto de vista da liberdade, e inevitável (não no sentido "determinista", e sim no natural desenvolvimento das ideias e sua criação e adoção pelos homens) enquanto processo histórico: seguir os escritos de Maistre levaria à destruição do caminho para a liberdade individual e seria uma forma de monismo tão prejudicial quanto as mais indesejáveis consequências do pensamento ilustrado. A despeito de soar como um pensador ultrapassado, Berlin entendia que Maistre era extremamente atual, e mantinha interesse em sua obra por considerá-lo uma espécie de precursor do fascismo.

A mesma crítica dirigida ao contrailuminismo é feita aos exageros do Romantismo, que contava com a simpatia de Berlin tanto no tocante ao reconhecimento da pluralidade de interesses humanos e à criação de valores quanto com seu temor atinente ao seu desenvolvimento político. Além disso, também continha em si sementes ideológicas que seriam nocivas aos séculos posteriores, principalmente no nacionalismo exacerbado da Alemanha nazista; segundo Crowder, "sua visão geral pode ser resumida basicamente da seguinte forma: o Iluminismo é a principal fonte do totalitarismo em sua vertente comunista, ao passo que o Contrailuminismo e o Romantismo são as fontes principais do fascismo"⁵⁷ (Tradução livre). O êxtase romântico na criação do novo, no nacionalismo exagerado, na transformação das sociedades e na admiração de homens por meio dos quais essas transformações eram orquestradas "adquiriu formas cada vez mais histéricas e em sua condição extrema terminou em irracionalismo e fascismo violentos".⁵⁸ Na obra *Political Ideas in the Romantic Age*, um conjunto de palestras proferidas na década de 50, Berlin associa um esboço do pensamento romântico com o que mais tarde seria a sua teoria de liberdade positiva. Se Herder reconhecia uma identidade nacional, partilhada por todos os cidadãos de uma determinada nação, Fichte, Schelling e Hegel elevaram essa identidade a uma presença universal, pela qual a humanidade seria unida em nome de um sujeito interior, idêntico em todos, que a guiava.

> Duas ideias não poderiam parecer a princípio mais distantes do que, por um lado, a apaixonada autoimolação no altar do Estado, raça, religião, história ou da busca "dinâmica" do poder pelo poder, como o único sintoma de um homem livre entre os fascistas e outros românticos histéricos ou antiliberais amargurados; e, por outro lado, os conceitos de liberdades civis inalienáveis, de limitação de interferências e da santidade de certas áreas devotadas à vida privada que formam a substância do liberalismo individual conforme é defendido contra a intromissão abusiva nas democracias.⁵⁹

Os conceitos de liberdade dentro da obediência e a comunhão de interesses sujeitos a um *eu* superior também são, como vimos, verificados em Rousseau, mas encontrarão equivalente entre os românticos

---

⁵⁷ George Crowder, *Isaiah Berlin: Liberty, Pluralism and Liberalism*. Cambridge, Polity Press, 2004, p. 50.

⁵⁸ Isaiah Berlin, *A Força das Ideias*. São Paulo, Companhia das Letras, 2005, p. 284.

⁵⁹ Idem, *Ideias Políticas na Era Romântica: Ascensão e influência no pensamento moderno*. São Paulo, Companhia das Letras, 2009, p. 265.

alemães. Ao mesmo tempo, os racionalistas do Iluminismo propunham a liberdade por meio da obediência, porém não a um Espírito metafísico, mas, sim, às leis naturais que regeriam tanto o mundo físico quanto a sociedade humana. Para Berlin, "a abordagem dos românticos é um caminho diferente (...) para a mesma conclusão paradoxal"[60] dos racionalistas, ambas contestadas por ele.

Essas conflitantes definições humanistas e não humanistas de liberdade, as últimas de muitos tipos – transcendentalistas e teocráticas "orgânicas" (nos sentidos hegeliano ou fascista) ou heroicas (em algum sentido byroniano ou nietzschiano), que ordenam que os homens se curvem às demandas da história (como exigiam Burke ou os juristas alemães), da classe, como os marxistas, da raça, como os nacional-socialistas, (...), todas parecem em última análise depender parcialmente das visões sustentadas de como são os homens, como se comportam e quais são os resultados da interação entre eles e outras forças.[61]

e

a principal diferença é que, enquanto sob o comunismo a resposta é determinada pelas leis científicas impessoais da história, os fascistas olham para a autoridade do *Volkgeist* como sendo mediada por um líder carismático. O *Volkgeist* fascista não é meramente o espírito de uma cultura entre outras, como na visão cultural-pluralista de Herder, mas a sabedoria de um povo superior. Essa não é a expressão de uma incomensurabilidade pluralista, mas de uma hierarquia monista.[62] (Tradução livre)

---

[60] Ibidem, p. 250.
[61] Ibidem, p. 268.
[62] George Crowder, *Isaiah Berlin: Liberty, Pluralism and Liberalism*. Cambridge, Polity Press, 2004, p. 129.

Berlin reforça que o conceito que se tem do homem é o que definirá todas as demais concepções políticas e éticas da sociedade. Se o homem é visto como um fim em si mesmo, se os valores de seu grupo o consideram a parte mais importante, em virtude do qual devem ser criadas regras que dignifiquem o indivíduo, então esta vertente humanista garantirá a liberdade de seus integrantes. Por outro lado, as doutrinas políticas que colocam em primazia teorias que preceituam o arranjo social em nome de uma tradição, da raça, religião, classe, projeto de governo ou qualquer outra categoria que não seja o homem, seus direitos e sua dignidade, poderão colocar em risco a segurança dos indivíduos.

3. ISAIAH BERLIN E SEUS CRÍTICOS

1. PLURALISMO E RELATIVISMO

"*O que deve ser feito? Como vamos escolher entre possibilidades? O que e quanto devemos sacrificar ao quê?*"

Vladimir Ilyich Ulyanov (Lênin)

Alguns princípios e situações sempre conduziram o pensamento de Berlin, e, mesmo quando ele não os citava, ficavam claras as suas influências. Uma delas foi o impacto do empirismo sobre sua obra, e, a partir dele, fez uma leitura nua e crua da realidade humana tal como ela é. A suposição que Berlin faz a respeito de John Stuart Mill, de que "não há verdades finais que não possam ser corrigidas pela experiência",[1] poderia ser perfeitamente afirmada sobre ele próprio. Na sua visão, dado que os valores nunca tenham demonstrado, na vida comum, méritos suficientes para fazer os homens constituírem uma hierarquia moral, e verificando que, em todos os tempos, os desejos humanos eram os mais básicos – tais como segurança, um trabalho ao qual se dedicar, comida e bebida e uma sociedade com a qual se identificar –, concluiu que as escolhas e todos os demais fins estariam sujeitos à situação e ao julgamento dos homens, uma vez que seriam todos incomensuráveis:

> O mundo que encontramos na experiência comum é um mundo em que somos confrontados com escolhas entre fins igualmente

---

[1] Isaiah Berlin, *Quatro Ensaios sobre a Liberdade*. Brasília, Editora Universidade de Brasília, 1981, p. 189.

supremos e reivindicações igualmente absolutas, e a realização de algumas dessas escolhas e reivindicações deve envolver inevitavelmente o sacrifício das outras. Na verdade, é por causa dessa situação que os homens atribuem valor tão imenso à liberdade de escolha; pois, se tivessem certeza de que em algum estado perfeito, alcançável pelos homens na Terra, nenhum dos fins por eles buscados jamais entraria em conflito, a necessidade e a agonia da escolha desapareceriam, e com elas a importância central da liberdade de escolha. Qualquer método para tornar esse estado final mais próximo pareceria então plenamente justificado, não importa quanta liberdade fosse sacrificada para estimular seu avanço.[2]

Em resumo, o trecho acima abrange toda a visão berliniana a respeito do conflito inerente às escolhas entre bens desejáveis e a primazia da liberdade de escolha como princípio sem o qual não pode haver acesso à pluralidade de bens disponíveis, e também não pode haver a associação de qualquer outra opção de categorias morais a uma utopia inexistente. Essa posição, segundo seus críticos, teria aproximado Berlin do relativismo moral. Posto que, para Berlin, não há um fim específico para o qual a sociedade deve se dirigir, ou mesmo um caminho desejável para o indivíduo (Berlin, como afirmamos, admite a possibilidade de escolha de males), segue-se, para seus leitores discordantes, que qualquer alternativa tomada será considerada válida.

O filósofo norte-americano Michael Sandel foi um dos que questionaram a posição de Berlin a respeito do pluralismo, fazendo-o em uma breve nota de seu livro *Liberalism and its critics*. Sandel suspeita da afirmação de Schumpeter – usada e validada por Berlin – de que a marca para uma sociedade civilizada se distinguir da barbárie seria a percepção da validade relativa de seus valores, embora continuasse a defendê-los. Para Sandel – um defensor da justiça social e

---

[2] Isaiah Berlin, *Estudos sobre a Humanidade: Uma antologia de ensaios*. São Paulo, Companhia das Letras, 2002, p. 269.

da preservação de valores em busca do aperfeiçoamento da sociedade –, tal afirmação soa incoerente, ao admitir que o terreno no qual os homens estabelecem suas vidas é extremamente volúvel e maleável.[3] Se Berlin realmente esposa uma concepção de pluralismo segundo a qual nem a liberdade possui status superior aos outros bens, Sandel coloca em questão até mesmo a proposta berliniana de liberalismo até aqui:

> Tendo em vista a pluralidade de fins, Berlin conclui, liberdade de escolha é "um ideal mais humano e verdadeiro" que as alternativas. E ele cita, com aprovação, a opinião de Joseph Schumpeter de que "perceber a validade relativa das convicções de alguém, e ainda assim defendê-las de forma veemente, é o que distingue um homem civilizado de um bárbaro". Apesar de Berlin não ser, estritamente falando, um relativista – ele corrobora o ideal da liberdade de escolha –, sua posição chega perigosamente perto de cair no dilema relativista. Se as convicções de alguém são válidas somente de forma relativa, por que defendê-las sem vacilar? Em um universo de moral tragicamente configurada, tal como Berlin o entende, o ideal de liberdade estaria menos sujeito à máxima incomensurabilidade de valores do que outros ideais concorrentes? Em caso afirmativo, no que consiste seu status privilegiado? E, se a liberdade não tem um status moralmente privilegiado, se é apenas um valor entre muitos outros, o que se pode dizer do liberalismo?[4] (Tradução livre)

---

[3] Sandel parece reconhecer a incomensurabilidade de valores, mas opta pela via da justiça como valor principal na solução de problemas: "Para alcançar uma sociedade justa, precisamos raciocinar juntos sobre o significado da vida boa e criar uma cultura pública que aceite as divergências que inevitavelmente ocorrerão. É tentador procurar um princípio (...) capaz de justificar, de uma vez por todas, qualquer distribuição de renda, poder ou oportunidade dele resultante (...). No entanto, é impossível evitar essas discussões, (...) questões de justiça são indissociáveis de concepções divergentes de honra e virtude, orgulho e reconhecimento". In: Michael Sandel, *Justiça: O que é fazer a coisa certa*. Rio de Janeiro, Civilização Brasileira, 2012, p. 322.

[4] Michael Sandel, *Liberalism and its Critics*. New York, New York University Press, 1984, p. 7-8.

A impressão de que, de fato, as sociedades civilizadas deveriam estar seguras de seus valores, enquanto o contrário representaria o barbarismo moral, também faz parte da crítica feita por Leo Strauss em seu ensaio *Relativism*,[5] no qual a exposição mais conhecida de Berlin, *Dois conceitos de liberdade*, é avaliada. Strauss inicia sua abordagem questionando os dois conceitos de liberdade, o positivo e o negativo: segundo ele, Berlin identifica a realização da liberdade positiva somente em uma sociedade racional e perfeita, o que é impossível de se provar por meio da experiência, pertencendo a uma visão metafísica da política.

Strauss também levanta questionamentos quanto à veracidade do argumento de Berlin em defesa da liberdade negativa. Berlin afirma que, reputando-se a necessidade de liberdade de escolhas, "uma característica inevitável da condição humana", a liberdade é considerada "como um fim em si mesmo, e não como uma necessidade temporária".[6] Embora não exista uma hierarquia de valores, e a liberdade de escolha seja a garantia de opção por quaisquer que sejam as infinitas e plurais intenções humanas, a condição de conflito, inerente à vida, será sempre verificada na relação entre os homens. Não obstante, alguns desses conflitos poderiam ser evitados por meio do estabelecimento de limites à intervenção sobre as vidas privadas: trata-se do conceito de áreas de não interferência que Berlin resgata dos principais expoentes do liberalismo (Locke, Mill, Constant, etc.).

> Devo estabelecer uma sociedade na qual haja certas fronteiras de liberdade que a ninguém fosse permitido cruzar. Pode-se dar nomes ou naturezas diferentes às regras que determinam essas fronteiras: podem ser chamadas de direitos naturais, palavra de Deus, direito natural ou exigências da utilidade ou dos "interesses

---

[5] Leo Strauss, *The Rebirth of Classical Political Rationalism: an introduction to the Thought of Leo Strauss*. Chicago, The University of Chicago Press, 1989.

[6] Isaiah Berlin, *Estudos sobre a Humanidade: Uma antologia de ensaios*. São Paulo, Companhia das Letras, 2002, p. 270.

permanentes do homem"; posso acreditar que sejam válidas *a priori*, ou afirmar que são meus fins supremos ou os fins de minha sociedade ou cultura. O que tais regras ou mandamentos têm em comum é que são aceitos tão amplamente e estão estabelecidos tão profundamente na natureza real desenvolvida pelos homens ao longo da história, que já são a esta altura uma parte essencial do que pretendemos dizer quando nos referimos a ser um homem normal. A crença genuína na inviolabilidade de um mínimo de liberdade individual gera algumas dessas posições absolutas.[7]

O texto acima pode servir de base para o conceito de liberdade negativa de Berlin, que ele explicitamente declara esposar. Para Strauss, entretanto, Berlin se contradiz ao afirmar que, embora a liberdade negativa proponha a busca de ideais de satisfação da vida humana, a liberdade positiva também o faz, com os mesmos direitos da liberdade negativa:

> Não são duas interpretações diferentes de um único conceito, mas duas atitudes profundamente divergentes e irreconciliáveis para com os fins da vida. Vale reconhecer essa divergência, mesmo que na prática seja frequentemente necessário chegar a uma solução de compromisso entre as duas. Pois cada uma faz reivindicações absolutas. Essas reivindicações não podem ser todas plenamente satisfeitas. Mas é uma profunda falta de compreensão social e moral não reconhecer que a satisfação que cada uma busca é um valor supremo que, tanto histórica como moralmente, tem igual direito de ser classificado entre os interesses mais profundos da humanidade.[8]

Strauss afirma que o liberalismo, na forma como Berlin o concebe, "não pode viver sem uma base absoluta e não pode viver com

[7] Ibidem, p. 266.
[8] Ibidem, p. 267-68.

uma base absoluta"[9] uma vez que, na garantia das tais liberdades sagradas, responsáveis pelo sustento da liberdade negativa, a liberdade positiva sempre será suprimida. Entretanto, como a liberdade positiva contém "igual direito" ao da liberdade negativa, de ser buscada como um bem legítimo da humanidade, as liberdades sagradas deveriam ser revistas, denotando uma aparente contradição da parte de Berlin: a busca pela satisfação de uma das liberdades irremediavelmente condenaria a existência da outra. A resposta berliniana à crítica de Strauss parece estar em um trecho da citação acima: essas reivindicações (ou seja, o direito de se perseguir a liberdade, tanto em sua modalidade negativa quanto positiva) não podem ser completamente satisfeitas. Strauss parece ter visto um mundo ideal para o estabelecimento de uma ou outra liberdade que Berlin não defendeu, tendo tão somente colocado que ambas as liberdades tinham direitos iguais de prosperar. Intentar perseguir os modelos de uma ou outra, para Berlin, poderia soar como utópico.

Outro problema apontado por Strauss é o reconhecimento dos valores e práticas atinentes à liberdade individual, que Berlin afirma serem observados pelos homens ao longo da história, e que, por sua constância na vida humana, acabaram por caracterizar uma pessoa comum. Strauss retoma a seguinte fala de Berlin para ilustrar uma aparente contradição no conceito:

> (...) tal doutrina é relativamente moderna. Não parece haver quase nenhuma discussão acerca da liberdade individual como um ideal político consciente (em oposição a sua existência real) no mundo antigo. Condorcet já observara que não havia a noção de direitos individuais nas concepções legais dos romanos e gregos; isso parece valer igualmente para os judeus, os chineses e todas as outras civilizações antigas que desde então vieram à luz.

[9] Harry Jaffa, *Crisis of the Strauss Divided: Essays on Leo Strauss and Straussianism, East and West*. Lanhan, Rowman & Littlefield Publishers, 2012, p. 169.

O domínio desse ideal tem sido a exceção em vez da regra, mesmo na recente história do Ocidente.[10]

Berlin declara, adiante no texto, que as noções de liberdade pessoal surgiram pouco antes da Reforma e da Renascença. Portanto, questiona Strauss, se os conceitos e valores individuais são recentes na história humana, e mesmo sua existência uma exceção na história ocidental recente, como seria possível considerá-los como "amplamente aceitos" e "estabelecidos tão profundamente na natureza real" dos homens? Para Strauss, Berlin não consegue, ainda que empiricamente, demonstrar a existência ou a validade de tais valores. E a própria validade da liberdade negativa é relativa, porquanto, como visto acima, seu reconhecimento nem sempre ocorreu, e a experiência das sociedades vindouras estabelecerá os valores que lhes serão prezados e futuramente descartados. Berlin não discordaria de Strauss quanto à observação da liberdade negativa como um bem não exclusivo – endossando novamente a fala de Schumpeter –, portanto, reconheceria que, no futuro, outros valores poderiam ser desejados em lugar dos que hoje se praticam e aceitam, desde que a liberdade de escolha fosse preservada;[11] de qualquer forma, Berlin e Strauss parecem incorporar as liberdades opostas, proferidas por Constant em seu discurso:

> Precisamos da liberdade e a teremos, mas, como a liberdade [de] que precisamos é diferente daquela dos antigos, é necessário a essa liberdade uma organização diversa daquela que podia convir à

[10] Isaiah Berlin, *Estudos sobre a Humanidade: Uma antologia de ensaios*. São Paulo, Companhia das Letras, 2002, p. 235.

[11] É curioso Eric Voegelin observar que, mesmo entre cidadãos gregos, havia tanto aqueles que não desejavam participar do governo, embora fossem obrigados por lei (não tendo sua vontade individual levada em consideração), quanto o apolitismo formal, ou seja, a ausência de direitos políticos em uma considerável fatia da sociedade. Na modernidade, embora os direitos tenham aumentado, o desinteresse pela atividade política ainda existe. Eric Voegelin, *História das Ideias Políticas: Helenismo, Roma e o cristianismo primitivo*. São Paulo, É Realizações, 2012, p. 100-01.

liberdade antiga. Nessa última, quanto mais o homem consagrava o tempo e as forças ao exercício dos seus direitos políticos, mais ele se imaginava livre. Na espécie de liberdade a que somos suscetíveis, mais exercício dos nossos direitos políticos nos deixará tempo para nossos interesses privados e mais a liberdade nos será preciosa.[12]

Mesmo que a liberdade individual seja um fenômeno recente na história humana, Berlin talvez concordasse com Constant que seria penoso imaginar o homem moderno voltando a considerar conceitos políticos de um mundo que já não existe, completamente diferente do contemporâneo. Constant, contudo, reconhecia que o homem moderno havia deixado de se preocupar com as demandas políticas de sua sociedade pelas ocupações próprias dos interesses privados, e por isso apelava para que o cidadão soubesse equilibrar suas responsabilidades com suas obrigações públicas: sua própria garantia de desfrutar de suas liberdades poderia ser colocada em risco na opção pelo ocaso político.

1.1. Pluralismo e liberalismo

Strauss via Berlin como um representante da crise do liberalismo, que teria renegado seus valores absolutos em defesa de um relativismo.[13] Ele reconhece que a compreensão berliniana "é muito útil para um propósito político – para o propósito de um manifesto anticomunista destinado a reunir todos os anticomunistas".[14] Contudo, sua con-

---

[12] Benjamin Constant, *A Liberdade dos Antigos Comparada à dos Modernos*. São Paulo, Atlas, 2015, p. 99.

[13] A leitura que Strauss e Berlin fazem de Maquiavel é sintomática a esse respeito: enquanto este considerava o pensador florentino, como vimos, um precursor do que mais tarde viria a ser compreendido como o pluralismo, aquele via Maquiavel como "o princípio do fim", por sua "percepção de que o declínio da filosofia política se dá em parceria com a ascensão da irreligiosidade e da imoralidade (...)".Talyta Carvalho, *Leo Strauss: Uma introdução à sua filosofia política*. São Paulo, É Realizações, 2015, p. 48.

[14] Harry Jaffa, *Crisis of the Strauss Divided: Essays on Leo Strauss and Straussianism, East and West*. Lanhan, Rowman & Littlefield Publishers, 2012, p. 169.

sideração por valores relativos como característica de uma sociedade civilizada era, nas palavras de Strauss (ele próprio um filósofo deôntico),[15] compreender Kant e Platão como bárbaros. John Gray defende Berlin alegando que a realidade do pluralismo é inquestionável, amplamente verificável nas deliberações e escolhas humanas; quanto às suspeitas de Sandel de que o pluralismo poderia relativizar inclusive o próprio liberalismo – vendo a liberdade tão somente como um valor entre muitos –, Berlin afirma que "o pluralismo e o liberalismo não são conceitos idênticos ou mesmo que se possam sobrepor parcialmente."[16] Porém, o pluralismo deveria carregar consigo um espaço para a tolerância, pois, do contrário, haveria um conflito incessante.

Gray explica que, para Berlin, pluralismo e liberalismo não eram, de fato, correlatos, mas que também era possível encontrar, no *corpus* berliniano, evidências de que ambos poderiam ser perfeitamente compatíveis. Quando correlatos, o pluralismo busca em seu núcleo proteger a possibilidade da liberdade negativa – principalmente no tocante à liberdade de escolha – que, como já vimos, é a realidade inerentemente trágica de todo ser humano, ou seja, escolher entre bens e males (ou bens ou males) incompatíveis e incomensuráveis. Por outro lado – e esta é a interpretação de Gray –, a despeito de uma leitura que possa unir liberalismo e pluralismo no pensamento berliniano, o pluralismo solapa e ultrapassa o liberalismo quando, na defesa da pluralidade, protege modos de vida não liberais em nome de valiosas e diversas formas de se viver, reputando a maneira liberal como não exclusiva, tampouco como a melhor, visto que isso acarretaria uma hierarquização de valores,

---

[15] Sobre Strauss, disse Berlin: "A rejeição, por Strauss, do mundo da pós-Renascença como um mundo desesperadamente corrompido pelo positivismo e pelo empirismo me parece roçar o absurdo" e, "Na verdade, ele tentou me converter por ocasião de múltiplas conversações, quando o visitava em Chicago, mas não conseguiu me levar a crer em valores eternos, imutáveis, absolutos, verdadeiros para todos os homens, em todos os lugares, em todas as épocas, a lei natural dada por Deus e outras coisas do gênero". In: Ramin Jahanbegloo, *Isaiah Berlin: Com toda liberdade*. São Paulo, Perspectiva, 1996, p. 59.

[16] Ibidem, p. 72.

o que Berlin nunca aceitou. Muitas vezes, a sobrevivência de grupos que possuem modo de vida e valores próprios seria comprometida se fosse adotado um padrão liberal, ou mesmo plural (sem hierarquia de valores). A posição final de Gray, portanto, é de um pluralismo que seja mais radical que o liberalismo, sendo este somente, e por fim, mais um conjunto de valores presentes na vida humana:

> Sua implicação (...) diz que a sociedade liberal é uma mas somente uma forma de vida que os seres humanos podem adotar, assim que tiverem atingido as condições mínimas de decência entre eles próprios. Consequentemente, o compromisso com à forma de vida liberal – como a qualquer forma de vida que cumpra os padrões mínimos de decência – não tem embasamento, e nada na razão nos impele a assumi-lo. Se o pluralismo de valores é verdadeiro até o fim, então a consequência inexorável é que a identidade de praticantes de uma forma de vida liberal constitui uma questão contingente (...).[17]

Esta leitura de Gray é rejeitada por George Crowder, tanto por considerar inconsistente e contraditório o posicionamento de Berlin a respeito da tensão entre pluralismo e liberalismo quanto por acreditar, sobretudo, que Berlin os entendia como inerentes um ao outro. As margens que Gray encontra, no *corpus* berliniano, tanto da existência de um suporte para o liberalismo no pluralismo como o contrário, são consideradas por Crowder como desprovidas de clareza, principalmente quando, ao estabelecer "os padrões gerais de vida nos quais acreditamos," referindo-se a uma gama de valores que são reconhecidos universalmente, Berlin endossa o liberalismo, uma vez que esses mesmos valores são aqueles que os liberais clássicos esposavam. Contudo, Crowder também considera imprecisas as distinções feitas por Berlin a respeito da relação entre liberalismo e pluralismo:

---

[17] John Gray, *Isaiah Berlin*. Rio de Janeiro, Difel, 2000, p. 200.

Berlin poderia superar esse problema argumentando que a defesa do universalismo liberal estaria de fato implícita na ideia de pluralismo de valores propriamente dito? É possível que o liberalismo não seja meramente compatível com o pluralismo, mas implicado por ele? Aqui, novamente, Berlin ora diz uma coisa, ora diz outra. Em alguns lugares, ele nega qualquer conexão necessária entre pluralismo e liberalismo. Mas, em outros, ele sustenta que o pluralismo, necessariamente, implica o liberalismo, como quando ele se refere ao "pluralismo, com a medida de liberdade negativa que ele encerra", e quando ele escreve que "se o pluralismo for uma visão válida... então, viriam a tolerância e as consequências liberais".[18] (Tradução livre)

Quanto à necessidade da liberdade negativa, no pluralismo, como capital para a livre capacidade de escolha – fundamental para o pluralismo –, Crowder a considera uma falácia naturalista,[19] alegando que a inevitabilidade das escolhas não tornaria a liberdade negativa, consequentemente, um valor desejável. E mesmo que Berlin quisesse defender a liberdade de escolha como um dado de expressão da dignidade humana, ou como "inseparável de nosso entendimento acerca dos seres humanos 'como [entes] capazes de perseguir fins por eles mesmos por meio de atos deliberados de escolha'",[20] isso também incorreria em uma falácia naturalista, pois o fato de a liberdade de escolha ser uma marca distinta da humanidade também não a torna, necessariamente, boa; há outras distintas marcas encontradas nos homens que não são

---

[18] George Crowder, *Isaiah Berlin: Liberty, Pluralism and Liberalism*. Cambridge, Polity Press, 2004, p. 143.

[19] A falácia naturalista é "uma expressão utilizada por G. E. Moore para indicar o típico 'erro' filosófico que consistiria em fazer do bem um objeto de natureza definível em termos cognitivos". Nicola Abbagnano, *Dicionário de Filosofia*. São Paulo, Martins Fontes, 2007, p. 494. Crowder estende o conceito aplicando-o à liberdade de escolha como inerentemente boa.

[20] George Crowder, *Isaiah Berlin: Liberty, Pluralism and Liberalism*. Cambridge, Polity Press, 2004, p. 145.

consideradas boas por si mesmas. Crowder argumenta que, para evitar a falácia naturalista, o pluralismo deve considerar o fato de que ele, inevitavelmente, propõe escolhas difíceis para o homem e virtudes liberais para lidar com essas escolhas. Além disso, na lida cotidiana com as escolhas, o pluralismo pressupõe o desenvolvimento do caráter em busca de, com o tempo e a experiência, e sempre que possível, produzir as melhores escolhas: "o argumento evita a falácia naturalista porque passa não da necessidade para o valor, mas da necessidade para a necessidade. Porquanto escolhas difíceis são inevitáveis sob o pluralismo, o mesmo ocorre com as virtudes liberais".[21] Assim como o sábio aristotélico, que ganha maior desenvoltura em seus julgamentos a partir de suas experiências e escolhas, também o sujeito pluralista evoluiria de acordo com as mais variadas e complexas alternativas que exigissem dele uma decisão. Berlin parece defender semelhante posição ao afirmar que

> o julgamento, a habilidade, o senso de oportunidade, a compreensão da relação entre os meios e os resultados dependem de fatores empíricos, como a experiência, a observação, sobretudo daquele "senso de realidade" que em grande parte consiste na integração semiconsciente de um grande número de elementos na aparência triviais ou imperceptíveis na situação, os quais formam entre si um tipo de padrão que por si só "sugere" – "convida" – a ação apropriada.[22]

O realismo, ou o "senso de realidade", deve permear tanto as decisões políticas (no que tange às expectativas utópicas ou aos programas políticos infalíveis) quanto as morais. Crowder conclui, portanto, que o pluralismo traz consigo uma recomendação ao liberalismo, dado que, em sua raiz, o pluralismo é na verdade uma resposta ao monismo

---

[21] Idem. "Liberty, Pluralism and Liberalism in Isaiah Berlin", Australasian Political Studies Association Conference, Universidade da Tasmania, Hobart, 29 set. – 1 out. 2003. Disponível em: http://berlin.wolf.ox.ac.uk/lists/onib/crowder/IBVPREL2003.pdf. Acesso em: 21 jun. 2017.

[22] Isaiah Berlin, *A Força das Ideias*. São Paulo, Companhia das Letras, 2005, p. 198-99.

das teorias políticas utópicas. Dessa maneira, o liberalismo tem sido reconhecido historicamente como o sistema político capaz de administrar diferentes interesses e inevitáveis conflitos – verificado desde o posicionamento de Locke acerca das diferentes crenças e interpretações do cristianismo, e seus consequentes distúrbios nas sociedades inglesa e europeia. Assim como Locke propõe uma *Carta acerca da tolerância* (1689) para a conciliação de diferentes interesses em uma mesma sociedade, também Berlin reconhece que, para a manutenção do pluralismo, "um grau mínimo de tolerância, mesmo dado contra a vontade, tornar-se-á indispensável,"[23] e que, portanto, "se o pluralismo é uma visão válida, e se é possível respeito entre sistemas de valores que não são necessariamente hostis uns aos outros, então se seguem a tolerância e as consequências liberais, como não acontece (...) com o monismo".[24] A posição que Crowder oferece parece satisfazer a suspeita colocada por Sandel, em que um núcleo de valores liberais permanece intacto, não transformando, dessa forma, o pluralismo em mero relativismo.

Se Crowder estiver correto, o pluralismo será condenado, ou pelo menos compreendido de forma menos radical em relação à leitura de Gray, em razão de o liberalismo pressupor a liberdade como valor primário na gama de valores humanos? Um dos riscos envolvidos nessa interpretação seria a possível ampliação do mal na sociedade: dado o valor concedido à autonomia do indivíduo, segue-se que um provável mal causado por este mesmo indivíduo terá, de certa forma, proteção.[25, 26] Contudo, a leitura de Crowder acerca do pluralismo de Berlin

[23] Ramin Jahanbegloo, *Isaiah Berlin: Com toda liberdade*. São Paulo, Perspectiva, 1996, p. 73.

[24] Isaiah Berlin, *A Força das Ideias*. São Paulo, Companhia das Letras, 2005, p. 32.

[25] João Pereira Coutinho, "Tratar dos pobres é impedir que os pobres tratem de nós", Folha de S.Paulo, 2 mai. 2007. Disponível em: http://www1.folha.uol.com.br/colunas/joaopereiracoutinho/2017/05/1880228-tratar-dos-pobres-e-impedir-que-os-pobres-tratem-de-nos.shtml. Acesso em: 2 mai. 2017.

[26] Em situações de liberdade extrema, Michael Sandel cita casos reais de pessoas que, por livre vontade, optam por um assassinato assistido, quer seja por uma doença terminal, quer por outros interesses. Se a sociedade optar por valorizar a liberdade como princípio primeiro, terá

é aceitar que, em prol da liberdade – ou dos valores considerados importantes para o liberalismo, e que protegem a dignidade humana –, a sociedade delibere e decida sobre todos os outros interesses, aceitando as consequências negativas decorrentes desse fato.

O pluralismo agonístico que ultrapassa o liberalismo, como Gray entendeu a posição berliniana, adota uma conjuntura de diálogo permanente dentro da sociedade, considerando que cada situação demandará uma alternativa, um determinado valor escolhido que, segundo o concerto realizado naquele instante, trará os melhores resultados. Esse processo de escolha entre valores incompatíveis pode parecer uma sina na existência humana, mas tem sido através dele que a lida da vida cotidiana vem acontecendo. O liberalismo, assim como quaisquer conjuntos ou princípios de valores – que foram criados pelos homens ao longo de sua história –, não poderá ser considerado vital justamente porque, além de se estabelecer uma hierarquia deontológica de valores, a possibilidade de a sociedade, por meio do Estado ou não, desejar impor regras em nome de um princípio acarretaria a supressão, se não da liberdade, de outros bens de igual valor. Berlin, entretanto, parece não desejar abrir mão de determinados valores que, conforme vimos em diversos pontos deste livro, uma vez observados, garantiriam um mínimo de dignidade aos homens, embora reconhecesse que tais valores ainda carecessem de definição:

> (...) presumem, sobretudo os partidários do livre-arbítrio, como Locke e Mill na Inglaterra, e Constant e Tocqueville na França, que deveria haver uma certa área mínima de liberdade pessoal que não deve ser absolutamente violada, pois, se seus limites forem invadidos, o indivíduo passará a dispor de uma área demasiado estreita mesmo para aquele desenvolvimento mínimo de suas faculdades naturais que, por si só, torna possível perseguir,

de lidar com essas questões. Michael Sandel, *Justiça: O que é fazer a coisa certa*. Rio de Janeiro, Civilização Brasileira, 2012.

e mesmo conceber, os vários fins que os homens consideram bons, corretos ou sagrados. Segue-se daí a necessidade de traçar-se uma fronteira entre a área da vida privada e a da autoridade pública. Onde deve ser traçada essa fronteira é questão de discutir ou mesmo regatear.[27]

Considerando estritamente a posição berliniana, a interpretação de Crowder seria a que dela mais se aproxima no tocante à necessária coexistência entre pluralismo e liberalismo. Julgando que o pluralismo não sofre um golpe mortal por considerar um núcleo de valores que proteja a dignidade humana, tal como Berlin a refletia e defendia, Crowder responde às interrogações de Sandel quanto a uma possível transformação do pluralismo em um mero relativismo ético; entretanto, como o próprio Berlin havia previsto, toda escolha trará consigo seus dilemas e privações. Para Crowder, Gray confunde o pluralismo de valores, estendendo-o a um pluralismo de culturas; dessa forma, ressalta, equalizando-se as inúmeras formas de governo, ter-se-ia um relativismo cultural, provavelmente baseado em uma leitura incorreta (porém possível)[28] das considerações de Berlin a respeito de Vico e Herder. Berlin afirma de Vico, por exemplo, que cada época na história humana aferiu os valores a seu próprio modo,

---

[27] Isaiah Berlin, *Quatro Ensaios sobre a Liberdade*. Brasília, Editora Universidade de Brasília, 1981, p. 137.

[28] "Por vezes, nos ensaios desses pensadores, ele parece conceber que o que ele encontra neles é relativismo histórico ou cultural; em outros momentos ele insiste no rótulo 'pluralismo', mas pouco faz para demonstrar como isso se refere a alguma coisa diferente do relativismo que ele repudia". "Sometimes in the essays on these thinkers he seems to concede that what he finds in them is historical or cultural relativism; at other times he insists on the 'pluralism' label, but does little to show how this refers to something different from the relativism he repudiates". George Crowder, "Liberty, Pluralism and Liberalism in Isaiah Berlin", Australasian Political Studies Association Conference, Universidade da Tasmania, Hobart, 29 set. – 1 out. 2003. Disponível em: http://berlin.wolf.ox.ac.uk/lists/onib/crowder/IBVPREL2003.pdf. Acesso em: jun. 2017. O que não se pode afirmar, diz Crowder, é que Berlin tenha explicitamente dito que diferentes culturas sejam incomensuráveis, como são os valores.

e que só poderiam ser compreendidas a partir de seus próprios termos. Berlin protegerá ambos os autores da acusação de relativistas, reconhecendo, entretanto, ter ajudado nesta interpretação errônea.[29] Em sua reparação, Berlin esclarece que o que esses autores realmente queriam pontuar é que existem

> sociedades diferentes da nossa, cujos valores máximos podem nos parecer objetivos de vida perfeitamente compreensíveis e próprios de homens que, embora sejam diferentes de nós, continuam sendo seres humanos, *semblables*, em cujas circunstâncias podemos, mediante um grande esforço, encontrar uma forma de "penetrar", para usarmos o termo de Vico. Somos instados a considerar a vida como proporcionando uma pluralidade de valores, igualmente genuínos, igualmente definitivos e, acima de tudo, igualmente objetivos (...). Existe uma variedade finita de valores e atitudes, variando aqueles que são próprios de uma ou outra sociedade e podem ser admirados ou condenados por membros de outras sociedades (à luz de seus próprios sistemas de valores), embora possam por eles ser compreendidos se houver um suficiente esforço de imaginação – ou seja, podem se revelar objetivos inteligíveis de vida válidos para seres humanos (...). Tal doutrina é chamada de pluralismo.[30]

Para Berlin, ao observarmos uma cultura diferente da nossa, podemos, por meio da imaginação, compreender os valores que Crowder chama de um "horizonte humano comum", ou seja, valores reconhecidos por diversas e diferentes culturas, enquanto o relativismo pressupõe diferentes valores em pé de igualdade; o pluralismo propõe a compreensão de valores que sejam estranhos a alguns indivíduos, sem que, necessariamente, concordem com eles.

---

[29] "Mas creio que é esta é uma interpretação equivocada de Vico e Herder, embora eu mesmo tenha em minha época contribuído, inadvertidamente, para sua propagação." Isaiah Berlin, *Os Limites da Utopia*. São Paulo, Companhia das Letras, 1991, p. 74.

[30] Isaiah Berlin, *Os Limites da Utopia*. São Paulo, Companhia das Letras, 1991, p. 75-76.

1.2. Liberdade para porcos-espinhos e raposas

O jurista norte-americano Ronald Dworkin (1931-2013) considerava-se um "porco-espinho" referindo-se à imagem criada por Berlin, com base no fragmento de Arquíloco a respeito do monismo. Em seu livro *Justice for Hedgehogs* (2011), Dworkin admite e advoga a existência de uma centralidade dos valores, divergindo do pluralismo defendido por Berlin.

Na obra citada, Dworkin estabelece dois princípios de dignidade, brevemente descritos a seguir. O primeiro princípio diz respeito à importância da vida humana, que deve ser reconhecida tanto em nós mesmos quanto em todos os outros seres humanos; conhecedores desse peso acerca da vida, somos intimados a vivê-la da melhor forma possível, o que implicaria uma preocupação com a vida de terceiros direta – por meio de ajuda substancial – ou indiretamente – através da conduta moralmente correta. O segundo princípio é o da autenticidade, que responsabiliza o indivíduo por sua própria vida, pelos caminhos que ela tomou e se foi feito dela o melhor possível, em nome de sua dignidade e seu valor, e implica, em nome de sua responsabilidade, não permitir que suas decisões e sua forma de vida sejam conduzidas ou orientadas por alguém que não o próprio indivíduo. Aplicados esses princípios à liberdade, em suas formas antagônicas, como Berlin as expôs, Dworkin sugere a seguinte harmonia factível entre ambas:

> Uma teoria de liberdade positiva vai estipular o significado da correta participação de cada qual – ou seja, ela oferece uma concepção do autogoverno. Uma teoria da liberdade negativa vai descrever quais escolhas devem ser eximidas das decisões coletivas para que a responsabilidade pessoal seja preservada.[31]

Dworkin defende que cada indivíduo possui direitos para participar das decisões que afetarão o governo de todos; contudo, deverão

---

[31] Ronald Dworkin, *A Raposa e o Porco-Espinho: Justiça e valor.* São Paulo, WMF Martins Fontes, 2014, p. 559.

ser livres de interferência as esferas da vida que são de âmbito próprio da responsabilidade individual. Portanto, as liberdades positiva e negativa, enquanto extensões da responsabilidade, devem ser vistas e aplicadas de forma conjunta. Dworkin acredita que Berlin exagera no trato com a liberdade positiva ao enfatizar seu lado grotesco nas experiências totalitárias, e por não a ter explorado melhor na possibilidade de sua aplicação em uma sociedade que buscasse ser responsável com seus cidadãos. Quanto à liberdade negativa, Dworkin recusa a associação entre esta e a autonomia, e, ainda ancorado e dirigido pelo princípio da responsabilidade, defende que a liberdade poderia ser colocada em segundo plano em nome de valores mais prementes em determinadas situações:

> É verdade que, em determinadas épocas e lugares, o governo democrático é tão fraco e instável que se julga necessário algum tipo de restrição à liberdade de atividade política para impedir que as forças antidemocráticas o destruam. (...) Nessas circunstâncias, o que se alega é que tanto a democracia quanto a liberdade negativa devem ser comprometidas agora a fim de impedir que sofram perdas mais graves no futuro.[32]

Sua crítica à liberdade negativa vai além. Se Berlin considerava a liberdade positiva como uma arma nas mãos de ditadores e doutrinadores políticos, Dworkin reconhece também os riscos que uma sociedade corre ao aceitar a liberdade negativa como valor primeiro. Ele identifica os perigos de tal liberdade na desigualdade social encontrada em todos os lugares, como consequência de uma ideia errônea a respeito do cerceamento substancial da liberdade em nome da igualdade (como no caso da taxação de grandes fortunas, exemplo que Dworkin toma exaustivamente), ou no caso de sociedades que mantêm costumes considerados, pelos ocidentais, repulsivos, mas que, também em

[32] Ibidem, p. 560.

nome da liberdade, do pluralismo de valores, ou mesmo das diferentes culturas e dos diferentes valores, são tolerados sem resistência.

Em meados dos anos 50, quando ele escreveu sua famosa conferência, o stalinismo estava desenfreado e o cadáver do fascismo ainda cheirava mal. Pode muito bem ter parecido, então, que a civilização deveria ter mais medo do porco-espinho. Mas, na América contemporânea, e em outras prósperas democracias ocidentais, isso não parece tão simples: a raposa pode ser a fera mais ameaçadora. Talvez exista um pêndulo que oscile entre esses perigos.[33] (Tradução livre)

O conflito de valores, inerente ao pluralismo, aponta para a impossibilidade de compatibilização de bens desejáveis em uma mesma circunstância. Para Dworkin, isso significa dizer que, elevando o argumento às sociedades, determinados cidadãos, dentro da escolha feita, serão beneficiados, ao mesmo tempo em que outros serão prejudicados. Em nome da incompatibilidade de bens, assume-se o prejuízo como esperado, mesmo quando isso implica sofrimento de alguns. Dworkin examina a posição berliniana questionando o próprio conceito de liberdade concebido por Berlin, afirmando que a liberdade só pode ser considerada como tal quando reconhece e respeita valores morais, propriedade, etc., de todos os outros. A liberdade não deveria desfrutar de um status segundo o qual qualquer tentativa de tornar a sociedade mais justa seja considerada uma afronta – sendo certo que a ausência de igualdade compromete a liberdade de considerável parcela de cidadãos. Dworkin propõe que, para que a concepção dos valores seja construída, deve-se questionar se a transgressão de tal valor ocasionaria ao Estado o arrependimento por tê-la cometido. Se taxar os ricos, em benefício dos pobres, não causa nenhum prejuízo àqueles,

---

[33] Ronald Dworkin; Mark Lilla, *The Legacy of Isaiah Berlin*. New York, New York Review of Books, 2001, p. 76.

segue-se que não se deve considerar que tal taxação configure uma transgressão à liberdade de quem foi taxado.

Por fim, Dworkin apresenta um argumento questionável acerca da liberdade negativa, estabelecendo sua necessária limitação por meio de leis que impeçam cidadãos de agirem como bem desejarem. Leis de interesse coletivo, tais como a proibição ao homicídio, segundo Dworkin, não acarretam diminuição da liberdade negativa de quem desejasse matar alguém. Esta imagem parece distante do que Berlin apresentou, e já estava contemplada na gama de direitos e costumes universais, bem como nos princípios dos liberais clássicos, de limites para a ação humana. Seguindo os pensadores especificamente citados por Berlin, a área mínima citada orbita em torno do direito à aquisição e administração de sua propriedade, à liberdade de culto, de expressão e liberdade política. Entretanto, esses pontos sempre passam por reavaliação, tal como Dworkin o fez, orientado por um princípio deontológico, separando alguns dos valores acima e repensando outros:

> Tampouco nos avilta que eles [a maioria de nossos concidadãos] tenham o direito de definir quem são os proprietários de determinados bens e quais são os direitos e garantias ligados à propriedade. Por outro lado, sofreríamos aviltamento caso aceitássemos que até uma grande maioria tem o direito de ditar nossas convicções ou práticas religiosas, ou as opiniões que devemos ou não devemos expressar nos debates políticos. Talvez sejamos obrigados a obedecer a esses ditames, mas não devemos admitir que eles são legítimos ou que temos o dever de aceitá-los. A equiparação de Berlin não capta a diferença entre esses dois tipos de restrição.[34]

Dworkin dá continuidade à discussão que Berlin promoveu, de se estabelecer as bases dos direitos irrevogáveis do cidadão e a extensão do poder do Estado (que, como sugere Dworkin, seja feito por vias

[34] Ronald Dworkin, *A Raposa e o Porco-Espinho: Justiça e valor*. São Paulo, WMF Martins Fontes, 2014, p. 562-63.

democráticas) para a definição dos direitos inalienáveis que assegurem a dignidade humana. Entendemos que, para Berlin, colocar em suspeição os direitos que os liberais consideraram inalienáveis seria permitir que se abrisse caminho para a valorização dos direitos coletivos em detrimento dos direitos do indivíduo e, consequentemente, permitir que determinadas esferas da vida privada do cidadão pudessem ser regidas pelo Estado; como Mill e Tocqueville, Berlin mantém o temor liberal de um soberano absoluto, mesmo que este represente a maioria.

2. NACIONALISMO E COSMOPOLITISMO

Berlin compreendeu o nacionalismo como um dado cultural que concede identidade aos indivíduos, por isso o defendia, assim como Herder, reconhecendo sua importância em uma sociedade de valores e culturas plurais. Como vimos, Berlin identificou no Iluminismo uma tentativa de universalizar os valores e as intenções humanas, diluindo eventuais diferenças entre os povos, e optou pela visão multicultural dos autores do assim chamado Contrailuminismo.

Berlin foi contrário à tentativa de homogeneizar as sociedades, também conhecida como cosmopolitismo,[35] e a sua defesa do nacionalismo, encontrada em seu sionismo e no apoio à criação do Estado de Israel, é vista como exemplo disso. Avishai Margalit afirma que o sionismo de Berlin, antes de ser pautado por suas versões mais ideológicas, era na verdade baseado na ideia de que os judeus nunca se sentiriam em casa em uma terra que não fosse a sua, e tampouco seriam, em qualquer tempo, finalmente assimilados e aceitos como iguais. No entanto, o mesmo Margalit lembra que "O sionismo obviamente

---

[35] "Doutrina que tende a negar a importância das divisões políticas e a ver no homem, ou ao menos no sábio, um 'cidadão do mundo.' (...) O cosmopolitismo como ideal diferente do universalismo eclesiástico foi compartilhado por Leibniz (...) e retomado pelo iluminismo. Kant considera-o um princípio regulador do progresso da sociedade humana para a integração universal e, portanto, 'o destino do gênero humano, justificado por uma tendência natural nesse sentido (...)'." In: Nicola Abbagnano, *Dicionário de Filosofia*. São Paulo, Martins Fontes, 2007, p. 253-54.

exige um alto grau de justificação, visto que, não importa como você o apresente, os judeus recuperarem seu lar significou aos árabes palestinos perderem o deles"[36] (Tradução livre). A ausência de posicionamento da parte de Berlin quanto à situação dos palestinos durante a criação do Estado de Israel motivou uma breve crítica por parte de Edward Said. O fato de Berlin nunca haver tratado diretamente da situação dos palestinos e seu elogio a Weizmann, beirando a idolatria,[37] constituíam, para Said, uma contradição na opinião berliniana, pois os mesmos valores nacionalistas eram reconhecidos e defendidos entre os judeus: "Não se pode dizer que Berlin tenha fabricado inverdades em defesa de Israel. Mas ele cedeu à mesma cegueira dos sionistas comuns em relação aos palestinos (...)".[38] Segundo Said, havendo, à época da formação de Israel, muitos célebres defensores do retorno dos judeus à Palestina, Berlin conferiu, por meio de seu prestígio político e acadêmico, uma grande publicidade e incentivo à criação do Estado judeu, apoio com o qual o lado árabe não contava. Berlin, ao final da vida, escreveu um breve relato a respeito do conflito entre palestinos e israelenses, enviado ao amigo Avishai Margalit e, posteriormente, publicado em Israel no dia de sua morte. A declaração, intitulada *"Israel and the Palestinians"*, está em sua biblioteca virtual no site da faculdade de Oxford, e segue abaixo, na íntegra:

> Posto que ambos os lados partem de uma reivindicação de posse total da Palestina como sendo seu direito histórico; e considerando que nenhuma das reivindicações pode ser aceita dentro das esferas do realismo ou sem grave injustiça: é claro que a concessão, i.e., a

---

[36] Ronald Dworkin; Mark Lilla, *The legacy of Isaiah Berlin*. New York, New York Review of Books, 2001, p. 149.

[37] Sobre o ensaio de Berlin a respeito de Weizmann, Said afirma que "há uma cegueira espantosa nessa afirmação, que beira a idolatria" [*there is a stunning blindness to this statement, which verges on the idolatrous*]. Edward W. Said, *The End of the Peace Process: Oslo and After*. New York, Pantheon Books, 2000, p. 219.

[38] Ibidem, p. 221.

partilha, é a única solução correta, nos moldes de Oslo – defendido por Rabin e pelo qual foi assassinado por um fanático judeu.

Idealmente, o que estamos pedindo é uma relação de bons vizinhos, mas, diante do número de chauvinistas fanáticos e terroristas de ambos os lados, isso é impraticável.

A solução deve ser algo próximo de tolerância relutante, por medo de algo muito pior – ou seja, uma guerra selvagem que poderia causar danos irreparáveis para ambos os lados.

Quanto a Jerusalém, ela deve permanecer a capital de Israel, com os lugares sagrados islâmicos sendo extraterritoriais, submetidos a uma autoridade muçulmana, e um pequeno bairro árabe, com a garantia por parte das Nações Unidas de preservação dessa posição, à força, se necessário.[39]

Outra aparente contradição é encontrada no fato de que, embora Berlin defendesse o nacionalismo como necessário e intrínseco ao autorreconhecimento de cada indivíduo, ele próprio teria gozado de uma vida cosmopolita, pouco se identificando com suas origens (russa e judaica), buscando uma assimilação ao modo de vida inglês e tendo alegado nunca ter se sentido deslocado por conta de sua origem judaica. Embora apoiasse Israel como um território que garantiria proteção aos judeus, acabou por reconhecer, de alguma forma incongruente com o seu nacionalismo, que a assimilação, tal como a sua, fosse possível, acreditando, portanto, que nem todos os judeus na diáspora devessem

---

[39] Disponível em: http://berlin.wolf.ox.ac.uk/information/israelandthepalestinians.html. Acesso em: 21 jun. 2017 – Tradução livre do autor. Sua página ainda destaca que Berlin era apoiador da ONG Peace Now (http://peacenow.org.il/en/), uma instituição alinhada pela esquerda israelense, fundada na década de 70, e que milita em favor do estabelecimento de dois Estados, tendo Jerusalém como capital de ambos, dividida por sua distribuição demográfica. Em 1978, em reação à hesitação do então primeiro-ministro de Israel, Menachem Begin, em dar continuidade ao processo de paz com o Egito, o Peace Now reuniu cerca de 40 mil pessoas, sendo a maior demonstração política já ocorrida em Israel. Benny Morris, *Righteous Victims: a History of the Zionist-Arab conflict, 1881-2001*. New York, Vintage Books, 2001, p. 461.

passar a viver em Israel. Além disso, Berlin, ao defender o pluralismo cultural, não negou, mas promoveu um universalismo moral nos valores considerados por ele como observados em todos os lugares. "Berlin," diz Silva, "atribuiu assim relevância primordial aos direitos humanos, manifesta numa empatia cosmopolita (...),"[40] a despeito de seu desejo de permanecer na Inglaterra:

> Ainda que solidário com a grande massa de judeus vítimas de perseguição religiosa e exclusão social em maior escala durante a Segunda Guerra Mundial, Berlin nunca se incluiu nesse rol de pessoas necessitadas de um território que podiam apelidar de casa. Aliás, Berlin recusou ir viver em Israel porque alegava que o local era demasiado provinciano: "Live in Israel I could not: it is too stuffy and provincial".[41]

Silva retrata como Berlin se adaptou completamente ao estilo de vida inglês, buscando viver como um autêntico *Don*,[42] ora influenciado pelos pais – que após a imigração assimilaram-se completamente ao modo de vida inglês –, ora pela vivência em Oxford. A escolha pela Grã-Bretanha, em lugar dos Estados Unidos, como local de mudança após as tensões em São Petersburgo, deu-se pela rica comunidade judaica que imigrava para a Inglaterra, por negócios que Mendel Berlin tinha em Londres, e uma simpatia deste pelo estilo de vida inglês. Silva cita uma curiosa passagem que retrata o elitismo de Berlin, em uma carta para os pais, em que, em excursão para Israel, reclama dos grupos pobres que seguiam viagem no mesmo navio. Entretanto, a intenção de emigração para Israel não é

---

[40] Elisabete do Rosário Mendes Silva, *Liberalismo e os Preceitos da Ética Cosmopolita em Isaiah Berlin*. Lisboa, 2011, p. 292. Tese de doutoramento. Universidade de Lisboa, Departamento de Estudos Anglísticos.

[41] Ibidem, p. 283.

[42] "A university teacher, especially a senior member of a college at Oxford or Cambridge". Disponível em: https://en.oxforddictionaries.com. Acesso em: 28 abr. 2017.

partilhada universalmente por todos os judeus, o que pode ser visto, por exemplo, na obra literária de Philip Roth e, mais recentemente, de Jonathan Safran Foer.[43] Mas essa imagem de Berlin, completamente alheio às suas raízes judaicas, não é correta. Seu biógrafo, Michael Ignatieff, fala da "implacabilidade de seu julgamento e o papel da sua condição de judeu na definição de seus compromissos últimos".[44] Embora não fosse praticante da religião, trazia consigo os antepassados do chassidismo, a lembrança e, mais tarde, a morte, pelos nazistas, dos avós, tios e demais familiares; os esforços de sua mãe, Mussa Marie (Volschonok) Berlin, em manter as tradições judaicas no seio da família, mesmo na distante Londres.

A despeito de estar completamente ambientado na Inglaterra, sabia que essa não era a sorte da grande maioria de judeus espalhados pelo mundo; pelo contrário, muitos deles, conquanto estivessem certos de sua identidade como franceses, alemães, etc., descobririam, a duras penas, que eram vistos de forma diferente. "Todo judeu", diz Berlin, "se sente constrangido, mesmo se é bem tratado, mesmo se está magnificamente 'integrado' e se tem amigos por toda parte. Subsiste sempre um pequeno sentimento de insegurança pessoal".[45] Na Letônia, onde as famílias dos Volschonok e dos Berlin viviam há muitos anos, foi que o pequeno Isaiah viu seus pais serem vítimas de antissemitismo. Foi quando reconheceu que "nós éramos judeus... Não éramos russos. Não éramos letões. Éramos outra coisa. Precisávamos de

---

[43] Em "*The Plot Against America*" (2004), Roth descreve os Estados Unidos sob o governo de Charles Lindbergh, assumido simpatizante da Alemanha nazista, e as consequências disso para os judeus que lá moravam. O livro mostra que o complô, na verdade, seria a fuga dos judeus e, consequentemente, a falência do projeto de liberdade que molda a fundação da jovem nação; Froer também descreve uma família judaica que, em "*Here I am*" (2016), a despeito dos riscos que Israel poderia vir a sofrer, acaba identificando os Estados Unidos como sua verdadeira pátria.

[44] Michael Ignatieff, *Isaiah Berlin: Uma vida*. Rio de Janeiro, Record, 2000. p. 83.

[45] Ramin Jahanbegloo, *Isaiah Berlin: Com toda liberdade*. São Paulo, Perspectiva, 1996.

um lar. Não adiantava viver em perpétuo *qui vive*".[46] Essa consciência explica sua adesão ao sionismo e o sonho de ver o povo judeu voltar à sua terra. Nos últimos anos de vida, Berlin comemorava as datas especiais do judaísmo. Encontrava-se com os amigos em casa, e, mesmo em viagem, fazia questão de ir a uma sinagoga nos dias de festa. Em Oxford, embora fosse raras vezes à sinagoga ortodoxa, considerava essas visitas como de grande importância.

Polêmicas da vida privada também povoaram outras cartas de Berlin. Um grande conjunto epistolar, publicado entre 2004 e 2015 pelo editor de Berlin, Henry Hardy, revelou o gosto do autor pela fofoca dentro dos muros de Oxford e da sociedade inglesa, incluindo mentiras que se tornavam uma preocupação quando vinham à tona, maledicência a respeito de figuras públicas, bem como opiniões a respeito de colegas que destoavam daquilo que havia sido dito por ele em público. Seu posicionamento político, "ao mesmo tempo engajado e não engajado, politicamente comprometido e politicamente cauteloso (...) anticomunista apaixonado a vida inteira, e um guru intelectual para a esquerda anticomunista",[47] gerou críticas, como as de Roger Scruton, para quem Berlin "aprendeu a mover-se habilmente nos círculos esquerdistas, e sabia quando aderir à denúncia coletiva aos 'reacionários anticomunistas de direita', e quando permanecer discretamente em silêncio".[48]

3. THE CROOKED TIMBER OF BERLIN

Na abordagem berliniana dos personagens que povoam seus escritos e conferências, há não raros exageros, que até mesmo seus admiradores reconhecem. Berlin condenava os pensadores que julgava

---

[46] Michael Ignatieff, *Isaiah Berlin: Uma vida*. Rio de Janeiro, Record, 2000. p. 37.

[47] Isaiah Berlin, *Ideias Políticas na Era Romântica: Ascensão e influência no pensamento moderno*. São Paulo, Companhia das Letras, 2009, p. 30.

[48] Roger Scruton, "Back to Berlin". *The New Criterion*, set. 2009. Disponível em: http://www.newcriterion.com/articles.cfm/Back-to-Berlin-4197. Acesso em: 28 abr. 2017.

monistas como porcos-espinhos, mas ele mesmo foi considerado um pensador que insistia em sua ideia de pluralismo de valores como sendo a única e exclusiva verdade acerca da condição humana. Em nome de sua ideia mestra, Berlin assumiu a voz dos pensadores que, a seu ver, corroboravam ou influenciavam o seu modo de pensar. Ler seus escritos sobre Herder, Vico e outros era como se Berlin falasse de si mesmo, ou os fizesse falar aquilo que ele próprio havia entendido ou transformado do pensamento deles. Seu profundo conhecimento e erudição acerca dos temas abordados eram tão sedutores quanto perigosos para seus leitores e ouvintes. Para Joshua Cherniss, um *scholar* berliniano, falando a respeito na introdução de *Political Ideas in the Romantic Age* (2006),

> essa qualidade de Berlin, que o tornava um ser humano tão atraente, era tanto uma força como um defeito num historiador das ideias. Permitia que ele entrasse nas perspectivas de outros, mas também significava que, sempre que procurava delinear perspectivas diferentes da sua própria, alguma coisa sua coloria o texto e frequentemente o distorcia. Em alguns de seus ensaios, Berlin parece começar a se tornar aqueles sobre quem escreve – Herder, Vico, Sorel, Herzen ou Hess; mas eles, por outro lado, parecem muitas vezes tornar-se Berlin. (...) A maneira profundamente "pessoal" de Berlin abordar a história das ideias tornou sua obra singularmente convincente e viva, mas nem sempre propiciou uma análise ou reconstrução acurada e, para falar a verdade, às vezes a estragou.[49]

Perry Anderson identifica em Berlin esse mesmo problema, ou seja, a adaptação dos autores trabalhados em prol de uma visão que corroboraria o que Berlin tentava dizer ou defender:

> Os relatos de Berlin – por exemplo – da visão da história de Tolstoi, ou do tipo de política de Herzen, ou da concepção de valor de

---

[49] Isaiah Berlin, *Ideias Políticas na Era Romântica: Ascensão e influência no pensamento moderno.* São Paulo, Companhia das Letras, 2009, p. 39.

Mill, subestimam aspectos centrais de cada um (...). O resultado faz com que cada um pareça sutilmente mais próximo do comentador do que na realidade está. Suas leituras de Vico e Herder, os principais temas de seu trabalho recente, mostram o mesmo impulso proprietário. Ao vê-los essencialmente como precursores do pluralismo cultural, tradição em que ele próprio se situa, Berlin não parece inclinado a dar muita atenção aos temas da identidade mental e da universalidade emergente presentes em seus respectivos escritos e que apontam para uma direção oposta. Maquiavel tem um papel muito semelhante na visão de Berlin, um passo na direção de um liberalismo tolerante. De acordo com a interpretação de Berlin, o escândalo provocado por sua obra não está nos conselhos criminosos que dá ao príncipe, mas na sua observação equânime do contraste entre as virtudes cívicas e cristãs.[50]

Anderson considera a leitura – nesse caso extremamente original – que Berlin faz de Maquiavel, e que ajuda a tornar sua obra ainda mais importante nos debates políticos contemporâneos,[51] equivocada como todas as outras; entretanto, seguindo sua análise, Anderson afirma que, da mesma forma, aqueles pensadores considerados por Berlin como originadores do que, no século XX, foi identificado com o totalitarismo e com governos autoritários são manipulados de forma que apresentem em seu pensamento aquilo que Berlin deseja que falem:

> (...) Locke momentaneamente unha e carne com Fichte, Burke de braço dado com Robespierre (...). Na invocação de ideias feita por Berlin, elas parecem perder toda a gravidade específica ao voar para os destinos mais inesperados e perversos, ou voltar

---

[50] Perry Anderson, *Afinidades Seletivas*. São Paulo, Boitempo, 2002, p. 297.

[51] Para entender os impactos do modo de pensar a política de Maquiavel, ver a coluna de Michael Ignatieff, "Machiavelli Was Right", na revista The Atlantic (edição de dezembro de 2013). Disponível em: https://www.theatlantic.com/magazine/archive/2013/12/machiavelli--was-right/354672/. Acesso em: 2 mai. 2017.

com a mesma facilidade. O "severo individualismo" de Kant se transforma virtualmente numa "doutrina totalitária pura," e os esforços combinados de – uma vez ou outra – Locke, Spinoza, Montesquieu, Rousseau, Fichte, Hegel, Comte, Marx, Green, Bradley e Bosanquet abrem caminho para "grandes estruturas disciplinadas e autoritárias".[52]

Em seu artigo, Anderson apresenta outras críticas a respeito do pensamento berliniano. A origem do principal ensaio de Berlin, *Two concepts*, é reconhecida pelo próprio autor como sendo o discurso de Constant, *De la liberté des anciens comparée a celle des modernes*. Constant, no final do discurso, procura apresentar o problema do desinteresse político no homem moderno, o que não se verificava tanto nos gregos quanto nos romanos. Segundo Anderson, Berlin não faz nenhuma menção a esse fato, uma vez que, como já visto anteriormente, a pluralidade berliniana de interesses não coadunaria com um acentuado pendor para os deveres cívicos; e embora admita a origem de um tipo de liberdade positiva na *República* platônica, o faz de forma depreciativa, reconhecendo nela um governo autoritário, muito mais interessado em contrastar as duas liberdades do que necessariamente demonstrar uma harmonia entre ambas.

E se as liberdades positiva e negativa de Berlin eram concorrentes, eram ambas oriundas de movimentos ou modos de pensar que, ao mesmo tempo, foram subsídio para a esperança e para o desespero da humanidade: se o Romantismo quebra a expectativa por um mundo perfeito, será dele também que surgirão o nacionalismo doentio e, em última análise, o nazismo; o mesmo ocorre com o Iluminismo, que tira os homens das amarras da superstição para aprisioná-los em uma forma utópica, mecânica e científica de se ver o mundo. Segundo Anderson, Berlin não apresenta provas que justifiquem tais vínculos, e, seguindo seu método, quaisquer ideologias

[52] Perry Anderson, *Afinidades Seletivas*. São Paulo, Boitempo, 2002, p. 300.

poderiam ser apresentadas especulativamente como resultado de um determinado movimento.

Anderson explora a expressão kantiana "da madeira torta da humanidade jamais se fez coisa reta", usada diversas vezes por Berlin, que dá nome a uma reunião de seus ensaios,[53] como sendo mais um exemplo de sua leitura superficial ou enviesada. Berlin a utiliza para ilustrar que tentativas utópicas de sociedade acabavam por resultar em violência, pois essa mesma sociedade seria formada por elementos imperfeitos e irreconciliáveis. Anderson retorna ao texto de Kant em seu *Idee zu einer allgemeinen Geschichte in weltbürgerlicher Absicht* (Ideia de uma História Universal de um Ponto de Vista Cosmopolita), de 1784, e explica o correto uso da expressão feito na obra. Kant estaria propondo uma liga de nações, em que os Estados, em semelhança aos indivíduos, fossem submetidos às leis e a elas obedecessem; movidos por sua competitividade econômica, esses mesmos Estados alcançariam o melhor da raça humana. Para que essa liga fosse possível, contudo, os homens deveriam ser governados, e esse governo só poderia ser realizado por um homem que fosse justo por si mesmo. Entretanto, se esse líder será um homem, então, tal como um animal, ele também será carente de um senhor que lhe imponha regras. A madeira torta à qual Kant se refere seria, então, a problemática da governabilidade entre homens igualmente sujeitos a uma autoridade que lhes seja superior, afinal todos abusarão de sua liberdade na ausência de tal autoridade.

Por fim, o pluralismo de valores de Berlin, para Anderson, seria mais uma frágil leitura do filósofo inglês, quer em suas contradições em assumir, em determinadas situações, uma possível compatibilidade de bens,[54] quer pelo silêncio quanto aos deuses em guerra de Nietzsche e Weber, o que poderia tirar o status de originalidade do conceito

---

[53] *The Crooked Timber of Mankind*, de 1990, traduzido no Brasil como *Limites da Utopia*, em 1991, pela Companhia das Letras, tradução esta utilizada neste livro.

[54] "Mas o maior serviço de Roosevelt à humanidade (...) consiste no fato de que ele mostrou a possibilidade de ser politicamente eficaz e, ainda assim, benévolo e humano". In: Isaiah

berliniano de pluralismo. A respeito de Nietzsche, não me parece que sua proposta de discurso como instrumento de poder, tampouco o conflito entre os valores apolíneos e dionisíacos, esteja relacionada ao pluralismo berliniano; entretanto, o "politeísmo desencantado" de Weber apresenta uma grande semelhança com a incompatibilidade e a incomensurabilidade de valores defendida por Berlin. Weber sustenta que, "conforme sua mais íntima tomada de posição, para o indivíduo um poder será o diabo, outro o Deus, e o indivíduo tem de decidir qual é *para ele* o Deus e qual o diabo". Embora o racionalismo tenha substituído a pluralidade de visões a uma única forma de visão de mundo, seguiu-se que ele, "diante das realidades da vida exterior e interior, viu-se compelido àquelas concessões e relativizações que todos nós conhecemos (...)".[55] E conclui:

> De certo modo, é bem certo que a suposição que lhes apresento parte do fato fundamental de que a vida, na medida em que consiste em si mesma e é entendida a partir de si mesma, só conhece a eterna luta dos deuses entre si. Falando em termos não alegóricos: a inconciliabilidade e, portanto, a irresolubilidade da luta das últimas simplesmente *possíveis* posições em relação à vida, a necessidade, portanto, de *decidir* por uma delas.[56]

A despeito da semelhança entre as pontuações de Weber e o pensamento de Berlin, o fato é que o primeiro não procurou esgotar as possibilidades e os desdobramentos da pluralidade de realidades que a vida apresenta,[57] tal como o segundo o fez; entretanto, a pergunta de Anderson nos parece extremamente válida e requer

Berlin. *Estudos sobre a Humanidade: Uma antologia de ensaios*. São Paulo, Companhia das Letras, 2002, p. 640.

[55] André Botelho (Org.), *Sociologia: Essencial*. São Paulo, Penguin, 2013, p. 420-21.

[56] Ibidem, p. 425

[57] "O velho [James] Mill (...) disse certa vez: quando se parte da experiência pura, chega-se ao politeísmo". Ibidem, p. 419.

um debruçar detido para a comparação entre os dois pensadores. De toda maneira, a suspeita de que o silêncio de Berlin a respeito do politeísmo weberiano teria sido uma forma de ocultar a verdadeira origem de suas conclusões nos parece distante da realidade, diante do modo suficientemente coerente com o qual o próprio Berlin descreve seu percurso intelectual.

A dicotomia encontrada na forma de Berlin fazer sua filosofia (liberdade negativa contra a liberdade positiva; monismo *versus* pluralismo; Iluminismo e Contrailuminismo, etc.) pode aparentar, e muitas vezes representar, um reducionismo dos temas tratados. Ao mesmo tempo em que Said encontra em Berlin um "consolidador de pensamento, ao invés de um fundador dele",[58] ele (Said) estabelece que Berlin lida com ideias já bastante aceitas, e que sua versão para as noções de liberdade trouxeram novamente à tona a discussão a seu respeito; a descrição que Anderson faz de Berlin, um orador prolixo, mas nem por isso superficial ou descuidado em ampliar seus vínculos ideológicos, não parece comprometer a tese berliniana em seu âmago.

4. EM DEFESA PRÓPRIA

Na introdução da republicação de alguns de seus ensaios feita em 1969, *Four Essays on Liberty*, Berlin procura defender-se de algumas críticas que lhe haviam sido feitas, principalmente acerca de seu posicionamento sobre o determinismo histórico, e que serão consideradas aqui em paralelo às críticas que lhe foram dirigidas por E. H. Carr.

Berlin inicia sua argumentação citando os críticos que o acusaram de haver declarado que o determinismo era infundado. Desses, o cientista político Edward Callett Carr (1892-1982) foi o mais vigoroso na questão do determinismo, especificamente no ensaio berliniano *Historical inevitability* (1955), retomando a visão de Berlin a respeito da

---

[58] Edward W. Said. *The End of the Peace Process: Oslo and After*. New York, Pantheon Books, 2000, p. 218.

inevitabilidade histórica e o determinismo histórico de Hegel e Marx. Carr recusa a interpretação de Hegel e Marx feita por Berlin, mas defende o determinismo como condição do comportamento humano, dentro de uma chave que reconhece causas que justificam ações, ou seja, que as determinam. Em princípio, Carr não parece considerar a inevitabilidade dos fatos dentro de um mover histórico irrevogável,[59] tal como Berlin enxerga a forma hegeliana de ver a História, e, sim, compreender que tipo de causa (principalmente no trabalho do historiador) acarretara os eventos históricos identificados. Carr reconhece que mesmo o acaso pode ter influência sobre os fatos, mas nunca poderá ser considerado como uma das causas mais abrangentes no desenvolvimento histórico, tais como a situação econômica, as disputas políticas internas, o descontentamento popular, etc.

> O dilema lógico sobre o livre-arbítrio e o determinismo não aparece na vida real. Não é que algumas ações humanas sejam livres e outras determinadas. O fato é que todas as ações humanas são ao mesmo tempo livres e determinadas, de acordo com o ponto de vista de quem as considere. (...) na medida em que [determinada ação] não foi causada por alguma compulsão externa, mas pela própria compulsão de sua personalidade, ele [agente] foi moralmente responsável, desde que é uma condição da vida social que seres humanos normais adultos sejam moralmente responsáveis por suas próprias personalidades. Considerá-lo responsável nesse caso em particular é assunto para seu julgamento prático. Mas, se você o responsabiliza, isto não significa que você veja sua ação como não tendo causa: causa e responsabilidade moral são categorias distintas.[60]

---

[59] "Quanto a mim, não acredito em providência divina, espírito do mundo, destino manifesto, História com H maiúsculo ou em qualquer outra das abstrações que muitas vezes imaginaram guiar o curso dos acontecimentos". In: Edward Hallett Carr, *Que É História?*, Rio de Janeiro, Paz e Terra, 1982, p. 69.

[60] Ibidem, p. 67.

Uma das consequências suscitadas por Berlin, para o tipo de história que considera mais importantes – as assim chamadas por T. S. Eliot "vastas forças impessoais" – do que a responsabilidade individual, é a aceitação dos desvios morais, dos genocídios, como produto natural das causas históricas identificadas pelos pesquisadores. Quanto a esta leitura de Berlin, de privilegiar a liberdade individual às causas maiores que as torne, conforme Lord Acton, citado por Carr, meras "marionetes de forças sociais e econômicas",[61] Carr a recusa, tanto quanto repele a visão da história enquanto biografia de grandes homens, e recorre ao modo como a história se desenvolve para justificar os acontecimentos; os desejos e intenções de um indivíduo só podem ser relevantes quando coincidem com os de outros milhões de indivíduos e materializam-se em atitudes, escritos, o que naturalmente consistiria em um dado histórico relevante.

Berlin faz seu contra-argumento à crítica de Carr retomando sua visão de que, embora não considere ter refutado o determinismo, ainda assim não aceita como poderiam coexistir eventos determinados por forças impessoais, ou eventos que conduziram a história tal como a conhecemos, e a liberdade individual, que seria capital para que os agentes não obedecessem a tais forças como se esperaria que o fizessem. "Qualquer que seja o caso, sem o pressuposto de liberdade de escolha e responsabilidade no sentido em que Kant utilizou esses termos, pelo menos uma das formas em que ambos são usados normalmente está (...) aniquilada."[62] Para Berlin, adotar o caminho das causas determinantes na história implicaria negar a liberdade humana (para ele, opiniões incompatíveis) e requereria uma mudança drástica na linguagem e na forma como os homens se reconhecem, tendo em vista que, na vida cotidiana, ninguém se entende como manipulado por forças, sejam elas quais forem, mas sim como indivíduos dotados

---

[61] Ibidem, p. 107-08.

[62] Isaiah Berlin, *Quatro Ensaios sobre a Liberdade*. Brasília, Editora Universidade de Brasília, 1981, p. 3.

de liberdade de escolha; tampouco se faz um elogio ou um julgamento sem que se tenha como condição prévia a livre disposição do agente para agir como agiu: considerar que indivíduos agem como agem por motivo de influência externa demandaria uma transformação na maneira de pensar, falar e compreender dos homens a respeito de si mesmos. Portanto, para a citação acima feita por Carr, de que "todas as ações humanas são igualmente livres e determinadas," e que "os seres humanos adultos são responsáveis por sua própria personalidade", Berlin afirma que:

> Se Carr quer dizer que os seres humanos podem transformar a natureza de sua personalidade, enquanto todos os antecedentes permanecem os mesmos, então ele nega a causalidade; se não podem, e se os atos podem ser completamente creditados ao caráter, então não faz sentido falar de responsabilidade (no sentido comum da palavra, o qual implica condenação moral).[63]

Aqui, como vimos anteriormente, Berlin reforça a incompatibilidade das visões determinista e da liberdade individual, considerando contraditória a posição de Carr: como poderia o homem ser responsável por atos capitais em seu caráter se a condição mesma de escolha lhe é determinada anteriormente? Mesmo em um determinismo que não considerasse uma meta-história metafísica, tal como o de Carr, sua relação antagônica com a liberdade individual permanece, para Berlin, insolúvel. Berlin não ignora o poder das influências e situações que antecedem as escolhas humanas, do auxílio prestado pelo conhecimento das leis científicas no tocante ao aumento de nosso conhecimento e que o campo de possíveis escolhas é bem menor do que se supõe, mas as rejeita como determinantes e definitivas em qualquer ação ou escolha acatada:

> Desconhecer o papel de fatores não humanos ou o efeito das consequências não intencionais dos atos humanos, ou o fato de que

---

[63] Ibidem, p. 6.

os homens nem sempre entendem corretamente seu próprio comportamento individual ou as fontes desse comportamento, deixar de buscar as causas, no sentido mais literal e mecânico, ao relatar o que e como aconteceu – tudo isso seria absurdamente infantil ou obscurantista, e de mim não partiu qualquer sugestão nesse sentido. Mas desconhecer os motivos e o contexto em que tais motivos surgiram, a escala de possibilidades na medida em que essas possibilidades se desenrolavam perante os atores, a maior parte das quais nunca foram e nunca poderiam ter sido concretizadas; desconhecer o espectro da imaginação e do pensamento humanos – de que forma o mundo e mesmo essa imaginação e esse pensamento se deparam a homens cuja visão e valores podemos captar, em última instância, apenas em função da nossa própria visão e dos nossos próprios valores – seria deixar de escrever história.[64]

Quanto a uma pretensa moralização que a história deveria fazer, ou, nos dizeres de Carr, de que "Isaiah Berlin está terrivelmente preocupado com a possibilidade de que os historiadores possam fracassar em denunciar Genghis Khan e Hitler como homens maus",[65] Berlin afirma que o historiador (ou qualquer outro pesquisador) que consegue distanciar-se passionalmente da matéria de seu estudo trará mais benefícios ao resultado final do que outro, motivado por esta ou aquela opinião. Contudo, Berlin usa ironicamente as próprias palavras de Carr para justificar seu posicionamento: "os valores entram nos fatos e deles são parte essencial. Nossos valores são parte essencial de nosso equipamento de seres humanos".[66] Compreender os fatos históricos não deve acarretar aceitá-los, principalmente para aqueles que esposam visões deterministas da História. Crimes devem ser considerados

---

[64] Ibidem, p. 17.

[65] Edward Hallett Carr, *Que É História?* Rio de Janeiro, Paz e Terra, 1982, p. 67.

[66] Isaiah Berlin, *Quatro Ensaios sobre a Liberdade*. Brasília, Editora Universidade de Brasília, 1981, p. 14.

como tais, embora não seja função do historiador fazer julgamentos morais acerca desses mesmos crimes, mesmo que sua mera descrição propicie a compreensão do que de fato foram. Por fim, Berlin acaba por associar Carr aos materialistas do século XVIII, dado que Carr avalia como infantil, e uma prática primitiva em História, considerar as biografias em lugar dos acontecimentos, ou, como Berlin apresenta, a ideia de que, quanto mais diluída em eventos (e, portanto, mais sujeita aos fatores impessoais) a História parecer, tanto mais sofisticada ela terá sido feita. Isso representa dizer que, à semelhança dos *philosophes*, Carr buscava uma resposta final para a explicação do todo, com aspirações "mais racionalistas do que racionais",[67] pautado em regras e padrões, e não considerando a ação individual como importante na reconstrução histórica.

---

[67] Ibidem, p. 13.

CONSIDERAÇÕES FINAIS

A obra de Isaiah Berlin continua importante por suas preocupações a respeito das margens de liberdade que são garantidas ao homem, e o constante risco de ter sua vida regida por valores, regras, leis e autoridades que não sejam apenas contrários à sua vontade como também nocivos à sua liberdade. As perguntas que deram gênese às provocações de Berlin – Por quem devo ser governado? Até que ponto devo obedecer a alguém? – continuam a ser de extrema importância em nosso tempo não só por serem questionamentos que perpassam a história da filosofia como também pela crescente tensão política que, *grosso modo*, permeia as discussões a respeito da sociedade tanto em nosso país como em outras partes do globo: o fantasma do totalitarismo, do extremismo político, do cerceamento de liberdades e os papéis do Estado, seu tamanho e seus deveres, ainda rondam o cenário político contemporâneo.

No tocante às liberdades positiva e negativa, Berlin explica que sua ênfase na primeira decorre dos usos indiscriminados e das visões e interpretações metafísicas que esta obteve ao longo da história, e que foi bastante presente nos governos totalitários do século XX, embora reconhecesse que os exageros da versão negativa de liberdade também fossem responsáveis por possíveis riscos e males efetivos causados às liberdades. Nesse sentido, o alerta berliniano continua atual, em razão dos constantes ataques que a liberdade individual continua a receber, quer seja por meio de governos autoritários, teocráticos, intolerantes no tocante a liberdades tidas como fundamentais nas sociedades consideradas livres. Enquanto a política servir como uma esperança de cores religiosas – e aqui Berlin parece concordar com Oakeshott –, ou o Estado continuar a ser considerado soberano para decidir em nome de seus cidadãos, as sociedades sempre correrão o risco de padecer às custas de uma visão de salvação.

A doutrina segundo a qual as acumulações de poder [do Estado] nunca podem ser excessivamente grandes, desde que sejam racionalmente controladas e usadas, ignora a razão básica para a busca da liberdade em primeiro lugar – que todos os governos paternalistas, por mais benevolentes, cautelosos, desinteressados e racionais que sejam, tendem, em última instância, a tratar a maioria dos homens como crianças ou como sendo quase sempre incuravelmente estúpidos ou irresponsáveis; ou, então, como amadurecendo tão lentamente, que não há justificativa para sua libertação em qualquer data nitidamente previsível (o que, na prática, significa nunca). É uma política que degrada os homens e que a mim não parece repousar em nenhum alicerce racional ou científico, mas, ao contrário, em uma posição profundamente errada das mais profundas necessidades humanas.[1]

Por sua vez, o pluralismo de valores de Isaiah Berlin é cativante, então, por apresentar-nos uma realidade que verdadeiramente é comum à vida humana, ou seja, a incompatibilidade e incomensurabilidade de valores. Além disso, tentar defender uma deontologia diante de tal situação requereu de grandes pensadores um esforço que, na maioria das vezes, acabou por ser malfadado: defender uma hierarquia de valores isenta de uma regra revelada, ou pretensamente ideal, recorrendo à vida prática, é, no fim, ser derrotado pela argumentação berliniana.

É preciso reconhecer que um pluralismo de valores incomensuráveis e a defesa de valores relativos parece ser resultado mais de uma sociedade liberal do que de outro tipo – ou mais facilmente encontrado em uma sociedade liberal do que em outras.

---

[1] Isaiah Berlin, *Quatro Ensaios sobre a Liberdade*. Brasília, Editora Universidade de Brasília, 1981, p. 36.

Reconhecemos também o surgimento do liberalismo como produto da cultura ocidental, na fusão das culturas clássicas e judaico-cristãs, resultante de séculos de discussão sobre seus próprios problemas (perseguição religiosa, direitos do homem, liberdade política). Dessa forma, universalizar o pluralismo não seria uma forma de expandir o liberalismo e, consequentemente, extinguir culturas em que tanto a liberdade negativa quanto a própria realidade de se fazer escolhas é uma prática estranha? A questão que colocamos, então, é que, se para Gray o liberalismo não tem prioridade sobre outros valores, segue-se então que, para as sociedades que não considerarem os direitos invioláveis que garantem o mínimo de liberdade necessária para que um homem viva uma vida com dignidade, as esferas da vida de um homem, sua intimidade e vida privada deverão ser completamente estabelecidas por sua cultura? É sabido que, enquanto algumas sociedades fechadas não negam a possibilidade de formas de vida diferentes (Gray cita os xintoístas e os hindus, por exemplo), nem todas as culturas reconhecem um mínimo de direitos fundamentais, ou nem todas elas entendem os direitos humanos como são observados em sociedades liberais (governos de países cuja política é pautada por crenças e regras religiosas, bem como o papel e os direitos da mulher, direitos políticos limitados, perseguição contra liberdades religiosas estranhas às do país, etc.), ou quando os valores liberais não são garantidos mesmo nos países que os consideram indispensáveis. Aqui, provavelmente em nome da dignidade humana, Berlin seria favorável à expansão dos valores plurais e, consequentemente, liberais.

Entretanto, embora tenha se preocupado com o ser humano, seu bem-estar e a proteção de seus direitos e garantias fundamentais, Isaiah Berlin ofereceu ao mundo uma visão isenta do consolo metafísico, lançando o homem em um ambiente de eterna disputa de interesses, sem ter para onde ou a quem apelar, mas que o faz responsável e senhor de sua existência. E é na consciência desta eterna disputa que serão criadas as ferramentas para o enfrentamento diário da vida.

BIBLIOGRAFIA

DE ISAIAH BERLIN

BERLIN, Isaiah. *A Força das Ideias*. São Paulo, Companhia das Letras, 2005.
_____. *As Raízes do Romantismo*. São Paulo, Três Estrelas, 2015.
_____. *Estudos sobre a Humanidade: Uma antologia de ensaios*. São Paulo, Companhia das Letras, 2002.
_____. *Ideias Políticas na Era Romântica: Ascensão e influência no pensamento moderno*. São Paulo, Companhia das Letras, 2009.
_____. *Karl Marx*. Lisboa, Edições 70, 2014.
_____. *Limites da Utopia*. São Paulo, Companhia das Letras, 1991.
_____. *O Poder das Ideias*. Lisboa, Relógio D'Água Editores, 2006.
_____. *O Sentido de Realidade*. Rio de Janeiro, Civilização Brasileira, 1999.
_____. *Quatro Ensaios sobre a Liberdade*. Brasília, Editora Universidade de Brasília, 1981.
_____. *Rousseau e Outros Cinco Inimigos da Liberdade*. Lisboa, Gradiva, 2005.
_____. *Russian Thinkers*. London, Penguin Books, 2013.
_____. *Uma Mensagem para o Século XXI*. Belo Horizonte, Editora Âyiné, 2016.
_____. *Vico e Herder*. Brasília, Editora Universidade de Brasília, 1982.

BIBLIOGRAFIA COMPLEMENTAR

ABBAGNANO, Nicola. *Dicionário de Filosofia*. São Paulo, Martins Fontes, 2007.
ACTON, John Emerich Edward Dalberg. *Ensaios: Uma antologia*. Rio de janeiro, Topbooks, 2014.

ADKINS, G. Matthew. *The Idea of the Sciences in the French Enlightenment: a Reinterpretation*. Lanham, University of Delaware Press, 2014.

ANDERSON, Perry. *Afinidades Seletivas*. São Paulo, Boitempo, 2002.

ARENDT, Hannah. *A Condição Humana*. Rio de Janeiro, Forense Universitária, 2010.

AUDI, Robert. dir. *Dicionário de Filosofia de Cambridge*. São Paulo, Paulus, 2006.

BEISER, Frederick (Org.). *Hegel*. São Paulo, Ideias & Letras, 2014.

BOTELHO, André. (Org.). *Sociologia: Essencial*. São Paulo, Penguin, 2013.

BURKE, Edmund. *Reflexões Sobre a Revolução na França*. Rio de Janeiro, Topbooks, 2012.

CARR, Edward Hallett. *Que é História?* Rio de Janeiro, Paz e Terra, 1982.

CARVALHO, Talyta. *Leo Strauss: Uma introdução à sua filosofia política*. São Paulo, É Realizações, 2015.

CASSIRER, Ernst. *A Filosofia do Iluminismo*. Campinas, Editora da Unicamp, 1992.

CHAPPELL, Vere (Org.). *Locke*. Aparecida, Ideias & Letras, 2011.

CHARTIER, Roger. *Origens Culturais da Revolução Francesa*. São Paulo, Editora Unesp, 2009.

CIORAN, Emil. *História e Utopia*. Rio de Janeiro, Rocco, 2011.

CONDORCET, Jean-Antoine Nicolas de Caritat, Marquês de. *Esboço de um Quadro Histórico dos Progressos do Espírito Humano*. Campinas, Editora da Unicamp, 2013.

CONSTANT, Benjamin. *A Liberdade dos Antigos Comparada à dos Modernos*. São Paulo, Atlas, 2015.

COUTINHO, João Pereira. *As Ideias Conservadoras Explicadas a Revolucionários e Reacionários*. São Paulo, Três Estrelas, 2014.

CROWDER, George. *Isaiah Berlin: Liberty and Pluralism*. Cambridge, Polity Press, 2004.

DWORKIN, Ronald. *A Raposa e o Porco-Espinho: Justiça e valor*. São Paulo, WMF Martins Fontes, 2014.

DWORKIN, Ronald e LILLA, Mark. *The Legacy of Isaiah Berlin*. New York, New York Review of Books, 2001.

FLORENZANO, Modesto. *As Revoluções Burguesas*. São Paulo, Brasiliense, 1981.

FORTES, Luiz Roberto Salinas. *O Iluminismo e os Reis Filósofos*. São Paulo, Brasiliense, 1985.

FRANK, Joseph. *Through the Russian Prism: Essays on Literature and Culture*. New Jersey: Princeton University Press, 1990.

GRAY, John. *Isaiah Berlin*. Rio de Janeiro, Difel, 2000.

HIMMELFARB, Gertrude. *Os Caminhos para a Modernidade: Os iluminismos britânico, francês e americano*. São Paulo, É Realizações, 2011.

IGNATIEFF, Michael. *Isaiah Berlin, Uma vida*. Rio de Janeiro, Record, 2000.

ISRAEL, Jonathan. *Iluminismo Radical: A filosofia e a construção da modernidade*. São Paulo, Madras, 2001.

JAFFA, Harry. *Crisis of the Strauss Divided: Essays on Leo Strauss and Straussianism, East and West*. Lanham, Rowman & Littlefield Publishers, 2012.

JAHANBEGLOO, Ramin. *Isaiah Berlin: Com toda liberdade*. São Paulo, Perspectiva, 1996.

KOYRÉ, Alexandre. *Do Mundo Fechado ao Universo Infinito*. Rio de Janeiro, Forense Universitária, 2006.

KUNTZ, Rolf. *Fundamentos da Teoria Política de Rousseau*. São Paulo. Barcarolla, 2012.

MARX, Karl. *Capital: a Critique of Political Economy*. Chicago, Charles H. Kerr & Company, 1909.

_____. *Manifesto do Partido Comunista*. São Paulo, Penguin Classics, 2012.

MERQUIOR, José Guilherme. *O Liberalismo – Antigo e moderno*. São Paulo, É Realizações, 2014.

MORRIS, Benny. *Righteous Victims: a History of the Zionist-Arab Conflict, 1881-2001*. New York, Vintage Books, 2001.

PRADO JÚNIOR, Bento. *A Retórica de Rousseau e Outros Ensaios*. São Paulo, Cosac Naify, 2008.

RAZZO, Francisco. *A Imaginação Totalitária: Os Perigos da política como esperança*. Rio de Janeiro, Record, 2016.

REALE Giovanni e ANTISERI, Dario. *História da Filosofia: de Spinoza a Kant*. São Paulo, Paulus, 2004.

Rousseau, Jean-Jacques. *Do Contrato Social. Ensaio sobre a Origem das Línguas. Discurso sobre a Origem e os Fundamentos da Desigualdade entre os Homens. Discurso sobre as Ciências e as Artes.* São Paulo, Abril Cultural (Os Pensadores), 1973.

Safranski, Rüdiger. *Romantismo: Uma questão alemã.* São Paulo, Estação Liberdade, 2010.

Said, Edward W. *The End of the Peace Process: Oslo and After.* New York, Pantheon Books, 2000.

Sandel, Michael. *Justiça: O que é fazer a coisa certa.* Rio de Janeiro, Civilização Brasileira, 2012.

_____. *Liberalism and its Critics.* New York, New York University Press, 1984.

_____. *O Liberalismo e os Limites da Justiça.* Lisboa, Fundação Calouste Gulbenkian, 2005.

Schama, Simon. *Cidadãos: Uma crônica da Revolução Francesa.* São Paulo, Companhia das Letras, 1989.

Scruton, Roger. *Uma Breve História da Filosofia Moderna: de Descartes a Wittgenstein.* Rio de Janeiro, José Olympio, 2008.

Silva, Elisabete do Rosário Mendes. *Liberalismo e os Preceitos da Ética Cosmopolita em Isaiah Berlin.* Lisboa, 2011. Tese de doutoramento. Universidade de Lisboa, Departamento de Estudos Anglísticos.

Singer, Peter. *Hegel.* São Paulo, Loyola, 2003.

Starobinski, Jean. *Jean-Jacques Rousseau: A transparência e o obstáculo; seguido de Sete ensaios sobre Rousseau.* São Paulo, Companhia das Letras, 2011.

Tocqueville, Alexis de. *O antigo regime e a Revolução.* São Paulo, Martins Fontes, 2009.

_____. *Lembranças de 1848.* São Paulo, Companhia das Letras, 2011.

Touraine, Alain. *Crítica da Modernidade.* Petrópolis, Vozes, 1994.

Venturi, Franco. *Utopia e Reforma no Iluminismo.* Bauru, Edusc, 2003.

Vico, Giambattista. *Princípios de (uma) Ciência Nova.* São Paulo, Abril Cultural, 1974.

Wilson, Edmund. *Rumo à Estação Finlândia: Escritores e atores da história.* São Paulo, Companhia das Letras, 2006.

Wokler, Robert. *Rousseau.* Porto Alegre, L&PM, 2012.

CONHEÇA OUTROS TÍTULOS DA BIBLIOTECA CRÍTICA SOCIAL

THOMAS SOWELL — Fernando Amed
Da obrigação moral de ser cético

THEODORE DALRYMPLE — Mauricio G. Righi
A ruína mental dos novos bárbaros

RUSSELL KIRK — Alex Catharino
O peregrino na terra desolada

LEO STRAUSS — Talyta Carvalho
Uma introdução à sua filosofia política

GERTRUDE HIMMELFARB — José Luiz Bueno
Modernidade, Iluminismo e as virtudes sociais

JOAQUIM NABUCO — Andrei Venturini Martins
Um abolicionista liberal do Brasil

Com coordenação de Luiz Felipe Pondé, a Biblioteca Crítica Social tem o propósito de disponibilizar ao público brasileiro obras introdutórias ao pensamento de importantes intelectuais do século XX. Além de um breve perfil biográfico, cada volume apresenta um panorama da obra do autor comentado e um estudo detalhado de um livro em particular. Ao final, cada volume traz, também, uma série de sugestões de leitura, que permitem o aprofundamento dos estudos. Esperamos que esta coleção ajude a fortalecer a pluralidade da discussão acadêmica no Brasil.

facebook.com/erealizacoeseditora
twitter.com/erealizacoes
instagram.com/erealizacoes
youtube.com/editorae
issuu.com/editora_e
erealizacoes.com.br
atendimento@erealizacoes.com.br